増補版

わが人生記

青春・政治・野球・大病

渡邉恒雄

読売新聞グループ本社代表取締役主筆

721

中公新書ラクレ

はじめに

私にとって、新聞記者という仕事は、まことに恵まれた天職だと思っている。

私の記者生活は、いわゆる街ダネや特ダネあさりなど、没イデオロギーの世界での取材と報道から始まった。だが、今では世界一の発行部数を持つ新聞社の主筆という立場に立つこととなって、この新聞の社論を決定することが職務となった。そのためには、政治はもとより財政、金融、社会保障、産業政策を含めた経済政策や、憲法、外交、安全保障、さらには治安、教育など国民生活にわたる万般の対応策について、理念的、実践的な回答、いわば処方箋を決定し、諸政策の基本となる普遍的なイデオロギーを構築しなければならない。

この作業に必須なことは、前記すべての事柄について、有識者や庶民の話を聞きかつ、広範な文献資料を不断に読んで、頭の中で整理しておく必要がある。

しかし、間もなく八十歳を迎える私にとって、まず視力の衰え、思考力の退化、体力の低下などを感じ始めた。いつ昇天するかもわからない。

これまで私は二十代以来十数冊の著訳書を出版したが、昔日の体力を失った今、新著作を書く力も時間もないので、この辺で、わが人生一代の記録を短くまとめておこうと思った。戦時の暗い谷間の青春時代や、若い記者時代の著述、そして最近、主として月刊『文藝春秋』に書いた諸論文や短文等を抜粋し、改稿したうえでまとめたのが本書である。なお、第一章と、第五章のうちの「老いた病妻をいとしむ」、そして各章節ごとの「解説と補足」は、本書のための書き下ろしである。

私の青春期の体験記から、政治、マスコミ論、プロ野球問題や、私たち老夫婦の大病の体験記など、私の後輩たちに残しておきたいと思った長、短文がごった煮となっているが、一応、私の人生観、世界観が随所にしたためられているつもりである。

目次

はじめに　3

第一章　新聞記者修業　9

第二章　暗かった青春時代

一、共産党体験が残したもの　40

二、恩師　出隆と『哲学以前』　54

三、葬送曲　チャイコフスキー《悲愴》　62

第三章　政治家と指導力
一、小泉首相に友情をもって直言する　72
二、指導力と政治宣伝の理論　99
第四章　プロ野球
一、二〇〇四年夏の騒動とは　146
二、私のプロ野球改革論——聞き手・小林至　184
第五章　老夫婦の大病記
一、私のガン手術体験記　208
二、老いた病妻をいとしむ　254
追悼　中曽根康弘元首相——私心なき勉強家　盟友との六十余年　275

増補版

わが人生記

青春・政治・野球・大病

第一章　新聞記者修業

詩人願望から哲学志向へ

私は、小学校から旧制中学の初年にかけて、詩人になることを願望していた。動機はつまらぬ見栄からである。

東京・杉並区の小学校一年生の時、担任の音楽教師・内田金次郎先生に、作文の宿題を命じられ、私は一編の童謡を作って提出した。その数日後、授業のはじめに、内田先生が黙って黒板に白墨で童謡を書き始めた。

その題名は「ポンポン丸」というのだが、題名の次に「渡辺恒雄」と書かれた。当時、小さいローソク一本で、たらいの中を走るモーター・ボートの小玩具があって、その遊びの感動と悦びについて韻を踏んで綴った童謡であった。黒板に歌詞を書き終わると内田先生は、オルガンに座って、自ら作曲したその歌を歌い始め、全生徒に合唱させた。

それだけのことだが、小一の私にとってはきわめて誇らしい事件であった。ひそかに私は、自らに詩人の才があるのではないかと思い始めてしまった。

小学校卒業後、旧制開成中学に進んだが、一、二年生の頃、そこで遠藤哲夫君という早熟の文学少年と同級になった。遠藤君は、萩原朔太郎と高村光太郎をまぜたような詩を多作し、ガリ版で刷ってはクラスメイトに配っていた。

ある日、作文の時間だったと思うが、教師がその遠藤君の詩の一つを黒板に白墨で書いた。中学低学年とは思えぬ見事な詩だったと記憶している。

その遠藤君は、その頃から『文藝春秋』を読み、私にも購読をすすめた。私は彼とともに「詩作」に励んだが、とても彼には及ばない愚作続きであって、ついに私は自らに詩人の才がないことを自覚した。

当時、これも遠藤君の影響で、哲学書を読み始めていた。出隆《いでたかし》『哲学以前』やショーペンハウエルの『意志と表象としての世界』などである。自らに詩人の才がないなら、論理の世界である哲学者への道に進もうと決心したのが、中学三年の時だった。そして旧制東京高校を経て、東大哲学科に進んだ。

思想的葛藤に悩む

終戦直後、私は共産党に入党し、マルクス、レーニンを耽読し、学生運動に走りながら、一方、哲学科でカントやヘーゲルの原書講読に取り組んだ（第二章参照）。もちろん、カントとマルクスは両立するものではないが、私はその両立を試み、ベルンシュタイン流のマルクス修正主義に傾いた。とくに、新カント流のカール・フォルレンダーの『カントとマルクス』（岩波文庫）は、ボロボロになるまで読みふけった。

そこで、私は東大共産党内で「主体性論争」を引き起こし、ついに除名される。カント的道徳哲学は、日本では阿部次郎や河合栄治郎の「人格主義」として、昭和戦前の日本の知識階級、特に旧制高校の教養主義の骨格となったのであるが、目的至上主義的なマルクス・レーニン主義の世界観とは、とうてい相容れないものだった。

そんな思想的葛藤に苦しんでいたとき、私の人生の始まりに大きな影響を与えた遠藤哲夫君は、どういう経過からかは知らないが、東大支那哲学科に進み、漢学者となっていた。のちに東北地方の大学教授となり、『新釈漢文大系――唐宋八大家文読本』（明治書院刊）などの漢学書を書いている。数年前にやっと住所を知り、手紙を交換し、中学時代に彼の書いた詩のいくつかを送ってもらった。それを読みながら、ひとり懐旧にふけったものだ。

ジャーナリスティックな哲学者への道

私は、本来目的としていた哲学者の道を東大哲学科在学中に断念した。同期に今道友信君という大秀才がいた。彼は研究室の片隅でギリシャ語、ラテン語を辞書も引かずに読んでいた。しかも、戦時中「特別学生」に選ばれて、勤労動員を免除されたエリート学生だった。

当時、理・工・医学部等は徴兵免除であった。文科系も勤労動員については、軍部と文部省との妥協だったかどうかは知らないが、法学部三〇人、文学部五人といったきわめて狭い枠で、秀才学生が「特別学生」として徴用免除になったのだそうである。私の旧制高校同期の志立託爾君（元三菱信託銀行社長）や辻敬一君（元会計検査院院長）がそうだった。政治学者の神谷不二氏も法学部で「特別学生」であったことは、近年ご本人から聞いて初めて知った。

東大哲学科には、後に東京新聞、朝日新聞記者を経て、哲学的評論家となった森本哲郎君がいた。

森本君とは、一緒に雑誌に内職原稿を書いて稼いだりした親友であったが、二人で話し合った結果、アカデミーの哲学者としては成功しそうもないから、ジャーナリスティックな哲学者、たとえば三木清のような道を選ぼうと話していた。

そう考えていた頃、『復興期の精神』というベストセラーを書いて、当時売れっ子だった文芸評論家の花田清輝氏の私宅に、私は森本君とともに訪れており、戦後思想について教えを受けていた。その花田さんに認められ、「真善美社」（中野正剛氏の子息が社長をしていた）から渡邉、森本を主幹として、哲学雑誌をだしてくれるとの話があり、すっかりその気になっていた。

「世紀」の頃

この花田清輝さんとの人脈関係について、今年（二〇〇五年）八月十七、十八日の東京新聞夕刊に、上下二回にわたり、美術評論家の瀬木慎一氏が興味深い文を書いている。

それによると、一九四八年頃に、数人の東大卒業生を中心に「世紀」という会が作られ、やがて数十人のインテリ集団となって、翌四九年三月に『世紀ニュース』第一号が発行された。その中に、「研究発表会」として、「二十代の方法について」（安部公房）、「インテリゲンチャ論」（中野泰雄）、「哲学の運命について」（渡邉恒雄）、「技術と芸術」（関根弘）等の研究報告が発表されたとある。

作家安部公房氏、詩人関根弘氏らは、今でもはっきり記憶している。しかし、当時私が何を話したかについては、正確には覚えていない。おそらくドイツ観念論哲学とマルクスの唯物論との関係だったと思う。

雑誌『綜合文化』、「アプレゲール叢書」などが、この頃、真善美社から発刊されていた。そこで活躍していたのが、花田清輝、中村真一郎、加藤周一、野間宏、椎名麟三ら各氏である。これとは別に刊行されていた雑誌が『近代文学』で、その中心として活躍していたのが、荒正人、本多秋五、埴谷雄高、佐々木基一ら各氏であった。こうした論者たちは、戦後派青年群に崇拝されていた。このうち、花田氏のほか、荒、椎名両氏の自宅に私はしばしば訪れて、教えを受けていた。

青年期の高揚時代

この中で、きわめて前衛的志向の強かった花田さんは、画家の岡本太郎氏と組んで、芸術サロン「夜の会」を作った。私は、その「夜の会」に出席した関係で岡本太郎氏と知り合い、彼の自宅へ行き、深夜まで談論したのを覚えている。

瀬木慎一氏が、最近発見した「世紀」の会員名簿には、前記安部公房、関根弘らと並んで、五味康祐、吉行淳之介、森本哲郎、三島由紀夫、疋田桂一郎（後に朝日新聞「天声人語」の筆者として聞こえる）とともに、渡邉恒雄も含まれている。

この「世紀」は、七冊の世紀群シリーズを一冊一〇円で発売したが、数年前の古書市では、七巻揃いで一〇〇万円以上の値がついていたというから驚く。

さて、「世紀」について、瀬木慎一氏は東京新聞にてこう書いている。

「『世紀』の活動は、一九四八年から五〇年末（注・この頃私は読売新聞に入社した）のわずか三年間で、会員の出入りも激しかったとはいえ、それぞれが各時期に熱心にぶつかり合い、後期には精いっぱいの制作もし、極貧の環境で青春の情熱を燃やしたことで、疑いなく、戦後文化の一つの母体を成したと言うことができるだろう。この発足時の名簿には、その思いがけない大きさが示されており、それだけに、そこから成長した個性には、予期しなかった多様性が現れている。

文学、芸術、出版、大学はもとより、分かっているかぎりでは、高級官僚、大企業の幹部、マスメディアの要職者、法律家、医師などの各方面にわたって、かつての文学・思想志望者たちは進出し（た。）…（中略）…もちろん、先に挙げた主要な二十五人のなかで、辛うじて現存するものは十人くらいである。最終解散時から数えて、実に五十五年の歳月が流れている。」

この文章は私にとって、きわめて感動的である。戦後、自由を得たインテリ青年は、初めて味わう言論の自由を満喫しながら、こうした会合で哲学と文学と政治を語り、ある種の高揚感や、時としてはアナーキズムや革命的衝動をぶつけあっていたものである。

瀬木さんの書いている「現存する十人くらい」の中で、私の確認できるのは、森本哲郎、加藤周一、瀬木慎一の各氏くらいであって、多くが物故してしまった。メンバーの中では年少者であった私がまもなく八十歳を迎えるのだから、仕方のないことである。瀬木さんの文中「マスメディアの要職者」というのは、たぶん私のことであろう。

瀬木さんの書いてくれた戦後の青春時代の高揚したムードの中で、私は、前にも触れたように、花田清輝さんの好意で哲学雑誌を出すことになっていた。新誌名も『哲学戦線』とか『哲学左派』としようということまで、森本君と話し合っていた。ところが、そうこうしているうちに、戦後文化発信の基盤であった肝心の真善美社が倒産してしまったのである。倒産の処理に当たっていたのは、元読売新聞記者で、かつて共産党員であった徳間康快氏であったことは後に知った。

記者志望に転向

こうした挫折を味わっている頃、小野秀雄氏を所長とする東大新聞研究所が、南原繁総長の後押しで発足した。私は森本君とともに、初代研究生試験を受験し、合格した。このとき、東大としては珍しく、他大学にも門戸を開いて入所試験をしたので、一期生としては、東北大の一力一夫氏（のち河北新報社主・会長）や早大の上田健一氏（のちに毎日新聞主筆となったが、政治部、ワシントン支局などで私と一緒に働くことになった）などがいる。また、私は読売新聞解説部長時代、研究所の講師となり、林健太郎総長名で「東大講師に採用する」との辞令をもらうことになった。

私は、五年制の旧制中学を四年修了で旧制高校に入り、戦時措置で三年制の旧制高校を二年で卒業させられたので、東大入学までに通常より二年間節約していた。それを理由に、多少の家作を所有して細々と生活していた母に頼んで、哲学科の大学院と、東大新聞研究所研究生就学の学費を出してもらう許可を得た（銀行員だった父は、私が小学校二年の時ガンで早逝していた）。

しかし、戦後経済の中で生活は苦しく、森本君はさっさと東京新聞に入社し、すぐに社会部の花形記者になっていた。アカデミーの哲学者への道を断念した以上、文章で生活する職業として、私も森本君に続き新聞記者を選ぶことになった。

私は、森本君の在職していた東京新聞と、読売新聞とを受験した。両方合格したので読売を選んだのだが、東京新聞の面接試験で、「君は志願書に哲学者になるために新聞記者を志した、と書いてあるが、哲学者と新聞記者との間には仕事内容の関係はまったくないぞ」と試験官に言われた。これに対し、私は、「ヘーゲルもマルクスも新聞記者から哲学者になっています」と答えた。事実、ヘーゲルはイエナ大学の講師をやったあと、『精神現象学』の刊行を前に、バンベルクで新聞編集者を一時やっていた。マルクスも『ライン新聞』など、いくつかの新聞社で執筆活動をしていたことを覚えていたので、口からでまかせに答えたのだ。

この試験の成績は、すでに東京新聞記者になっていた森本君に聞いたところ、面接後の総合評価で一番であったというから、当時の東京新聞の面接にあたった幹部たちには今でも感謝している。

読売新聞の入社面接試験では、「君は共産党員であったそうだが、なぜ読売新聞を受けたのか」との質問を受け、このときも脂汗をかく思いがしたが、カント哲学の立場からのマルクス主義批判をとうとうとやったところ、面接後の総合成績では二番で合格した。

当時の新聞社の幹部たちは、戦時中の挫折体験もあって、私の哲学志向をプラス評価してくれたのではないかと思っている。

新聞社の主筆となった現在でも、私は常に枕頭に、カントやニーチェの解釈書や、宇宙物理学や素粒子論の解説書を置き、眠れぬ夜に読むと、昼間のストレスが解消する。

ジャーナリストに哲学的思考力は必要だというのは、私の持論である。

とはいえ、イデオロギー上の問題はともかく、日常の現実の取材、報道というものは、まず哲学とは無縁の世界である。そこで必要なのは、人間社会万般の事象について、自ら足を使って歩き、直接見ること、知ること、考えること、書くことについての好奇心といってもよいような意欲であり、ある種の冒険心である。

私は読売新聞入社時、社会部志望であったが、これに固執すれば地方支局勤務になる。東京は思想と文化の疾風怒濤時代にあり、戦後デモクラシーが爛漫と開花する都であったから、東京在勤を優先した。そして週刊新聞であった『読売ウィークリー』編集部を志望し、配属された。

読売ウィークリー時代には、いくつもの特ダネをとり、数本の局長賞をもらっている。

そのうちの一つは、「アナタハン島の女王蜂」である。

アナタハン島の特ダネ

入社した翌年の夏、三浦半島南端の城ヶ島周辺に住む漁師たちから海の怪談を聞いて来い、とのまことにいい加減なデスクの命令で、あてもなく漁村をさまよっていた時、ある漁師から聞いた体験談を書いた記事であった。

漂流漁船の奇遇会見記
コウモリで繋いだ命
〝玉砕〟覚悟・四隊に分れて七年
孤島の丘の上にヤシの葉で
後の白旗翻る

特ダネの載った『読売ウィークリー』

この特ダネは、実際には特ダネにはならなかった。週刊新聞の悲しさで、大刷りまでできていたのに、発売日の前日に、毎日新聞にトップ記事で抜かれたのである。それも、デスクたちが、社会部に対する対抗心から私に対し、「社会部には絶対内緒にしろ。ウィークリーの特ダネにするから」と言い、みすみす一日遅れになってしまった。

とはいえ、当時のタブロイド判二ページに小さな活字でぎっしり書かれた内容は、毎日新聞のトップ記事よりもはるかに詳細であったことから、私は局長賞をもらうことになったのだ。

昭和二十六年七月八日付読売ウィークリーの特報は、こうした前書きから始まる。

「太平洋戦争終結の一年前、南洋の孤島アナタハン付近で、三隻の日本軍徴用漁船が米軍機に撃沈され、二十二名の乗組員は命からがらアナタハン島に泳ぎついた。そして彼らは祖国の敗戦も知らず、この孤島に立籠って〝太平洋戦争最後の抗戦〟を続けていたが、終戦後六ヵ年を経たこの六月三十日、ようやく米軍に投降して近く日本に帰ってくる。

ところが彼らの投降する直前の六月十八日、エンジンの故障のため偶然にもこの島に漂着した一漁船がある。神奈川県三崎町、大洋漁業所属の遠洋漁船第二十大漁丸（五五トン）で、これは同船の船頭西喜久雄（五二）氏が、日本人としてはじめて、祖国の敗北を信じない今俊寛たちに面接して得た貴重な会見記である。（渡辺本紙記者）」

この船の船員たちも、この水域が占領軍によって航行禁止区域となっていたので、この体験をしばらくは内密にしていたのだった。

この記事は、私のスクラップ・ブックにのりで貼られ、ボロボロになって現存するが、一万五〇〇〇字以上の長文の記事で、その大見出しは「最後の白旗翻る――孤島アナタハンに立籠った日本人部隊」という大きな凸版の文字がおどり、副見出しにも「漂流漁船の奇遇会見記――コウモリで繫いだ命――〝玉砕〟覚悟・四隊に分れて七年」といった文字が連なっている。

この事件は、小野田寛郎少尉事件のはるか前であるが、その中に一人の女性がいたことから、この直後からしばらくの間、「アナタハン島の女王蜂」といった話題でさんざん騒がれることになった。

アナタハン島というのは、マリアナ群島中の火山島で、サイパン島のすぐ北にあった。一時原住民のチャモロ族とカナカ族がいたが、戦争のため無人島になり、徴用汽船から流れついたのは井上順二兵長がトップで、大部分が軍属であった。敗戦を知らず、ときおり米軍の船舶や舟艇が近づくと逃げ隠れしていたらしい。

彼らは、パパイヤ、バナナ、タロ芋などを栽培し、海岸でイセエビ、サザエ、黒ダイ、ムロアジなどを獲ったが、島に無数に生存していたコウモリが有力なたんぱく源だったそうだ。ヤシの葉を叩いて、わら縄のようにして作った網で捕らえて食べていたのである。彼らの中には、降伏派と抗戦派がいて対立していたようだが、一丁の機関銃と数丁の小銃をみがいて、実戦に備えてもいた。またやしの木と葉で小屋を作って生活していた。

この頃は、まだ占領下であって、戦後六年余たってから米軍によって救助され、小野田ショックのような大事件にはならなかったが、書きようによっては、かなり面白い話題になったであろう。

このアナタハン島の特ダネが、「社会部に内緒にしろ」というつまらぬ方針で特ダネにならなかったことを、デスク連中は反省した。次の私の大特ダネは、デスクが社会部に持ち込んだので、社会面のトップになり、「渡辺記者」の名は凸版で大書きされた。昭和二十七年四月のことである。

殺されかかった山村工作隊探訪取材

大見出しは「山村工作隊のアジトに乗込む――本社渡辺記者　小河内村湯場部落へ――天険誇る〝千早城〟――若者十七名と一問一答――山、山に新たな拠点――『革命達成』といきまく」となっており、社会面トップで一ページの三分の二を埋める長文の記事となっている。

山村工作隊のアジトに乗込む
本社渡辺記者　小河内村湯場部落へ
天険誇る〝千早城〟
若者十七名と一問一答
山、山に

探訪記事の載った読売新聞

日本共産党は、昭和二十六年二月の四全協で「山岳パルチザン」という軍事方針を決定した。今日の共産党では考えられなかったことだが、戦後GHQによって一時非合法化された共産党は、暴力革命路線をとり、軍事方針を決定していたのである。

共産党は、多摩川の上流にある小河内ダムを、横田の軍事基地のための発電ダムだとしてダム破壊を目指し、「山村工作隊」と称するゲリラを小河内付近の山奥にもぐらせ拠点作りをさせていた。その山村工作隊のアジトに単身侵入して、ゲリラ部隊にインタビューしたのだから、若気というか血気というか無茶な取材であった。

この記事中で、私は湯場部落の駐在所に、「日没までに戻らなかったら、青梅地区署に連絡して下さい」と依頼して山中に入ったと書いてある。

私の取材対象となった工作隊のキャップであり、その後転向して、現在は親鸞の「歎異抄」信者である在日朝鮮人の作家高史明氏の著作『青春無明』（径書房）の中に、その時のことが生々しく書かれているのを数年前に発見し、本当に驚いた。『青春無明』は、私の拠点侵入取材について書いている。

工作隊が私を包囲し、捕らえ、アジト小屋に監禁したときのことである。私は名刺を出して、警察ではなく記者だと説明した。しかし、メンバーの中に共産党を除名された過去を知っている者がいて、「お前が裏切者の渡邉恒雄か」と言われてしまう。私は半ば観念しながらも、暗くなれば青梅警察が捜索に来てくれるだろうと望みをつないでいた。

アジトには『毛沢東語録』しか置いてなかったので、私は時間稼ぎに、マルクス・レーニン主義と毛沢東主義についてしゃべり続けた。その裏側での工作隊連中の間の会話を、高史明氏は『青春無明』に生々しく以下のように再現している。

仲間の一人がいう。

「殺《や》っちまえばいい。…（中略）…殺して、何処かに埋めてしまうんだ。この山の中だからな、何処か遠い所に埋めてしまえば、それっきりじゃないのか」

「どうだい。殺っちまおうじゃないか。それが一番たしかだろ」

それから、高氏は頭の中で悩み続けたさまを迫力ある文章でつづったうえ、こう書いている。

すると、K（注・仲間の頭文字）が、再びわざとらしい大声を上げて言った。「殺っちまうんだ。こんな奴一人殺《ば》らすのに、手間暇かかるめえ！」

瞬間、私は恐ろしい目でKを睨んだ。

「殺すだと！」

「奴を逃がしたら、今度やられるのは、こっちの番だぞ」とKは言う。

「殺しは、許さん！」私は、ほとんど本能的に叫んだ。

つまるところ、私は殺される寸前だったが、殺人に抵抗した高史明氏の〝良心〟のおかげで、命を救われたことになる。

その二か月後に、私は政治部に配置転換されたが、当時の政治部長、古田徳次郎氏は、後に「君を政治部に採用したのは、『山村工作隊潜入記』を読んだからだよ」と私に語ってくれた。古田さんが、東大哲学科の先輩であったのは偶然のことで、彼と哲学について話したことはなかった。

特オチ連発体験

こうして私は、昭和二十七年七月、同期で最も早く政治部に転出することになった。

そして、デスクで電話取りを二か月させられた末、はじめて首相官邸に出勤したところ、突然腰を抜かすような事件が起きた。

吉田首相による「抜き打ち解散」である。

これは、日経と共同通信の特ダネだったと思う。

朝、読売の首相官邸クラブに出勤すると、各社の記者が慌しく走り回っている。読売はといえば、キャップ以下一人も出勤していない。恐らく自宅で読売新聞しかとっておらず、「今日解散」の日経記事を読んでいなかったので、解散になったことを知らなかったのだろう。ただしこの時は、朝日も毎日も抜かれている。

翌年、読売は「鳩山・広川弘禅会談」を朝日、毎日に抜かれた。吉田派最大派閥の実力者、広川弘禅氏が、吉田首相の後継を自任していたところ、吉田首相が緒方竹虎氏を副総理、官房長官に起用し、後継首相にする空気が強まり、鳩山派の策士、三木武吉氏が、吉田・広川の分断をはかるため、右翼の実力者三浦義一氏や児玉誉士夫氏らを使い、こともあろうに児玉邸で鳩山・広川会談を実現してしまったのだ。これは政局を揺るがす大事件となった。

吉田首相は、三浦、児玉のような右翼が嫌いであった。その三浦、児玉の斡旋で、広川氏が鳩山氏と会ったという報道で、吉田首相が頭にきたことは想像に難くない。

その直後、吉田首相の衆院予算委員会での「バカヤロー」発言が飛び出し、衆院本会議で広川派が大挙欠席することで、吉田首相に対する懲罰決議案を可決させてしまった。吉田首相はただちに衆議院を解散した。「バカヤロー解散」である。電撃解散という点で、二〇〇五年夏に小泉首相が行なった「郵政解散」の先駆的モデルのようなものだ。

この「鳩山・広川会談」は読売の特オチであった。特オチの恐怖は、駆け出し政治記者の私の脳に深く刻まれた。

その頃、吉田首相とその側近や、鳩山、三木といった実力者に食い込んでいる記者が、朝日、毎日、日経等にはいたが、読売にはいなかったのだ。

これが後に、私自身、大物のニュース・ソースに食い込む努力を重ねた動機である。

ちなみに、吉田首相は、佐藤栄作氏、大野伴睦氏といった党幹部に命じ、広川氏の地盤から、安井大吉という無名の新人を〝刺客〟として立候補させ、選挙戦に大金をつぎこんで、実力者広川を落選させた。この手口を「郵政解散」で小泉首相が、もっと大規模な、刺客立候補という形で踏襲したと思われる。この落選で広川氏は政治生命を永久に失った。

ワシントン赴任

さて、政治部修業を経て、一九六八年から七二年まで、ワシントン支局長として赴任した。一日じゅう英字新聞（ワシントン・ポスト、ニューヨーク・タイムズ、ロサンゼルス・タイムズ、シカゴ・トリビューン、ウォール・ストリート・ジャーナル等大手各紙）及びタイム、ニューズ・ウィーク、USニューズ・アンド・ワールドリポート等の高級週刊誌を読むため、コンサイス英和辞典と首っ引きであったので、視力が低下し、半年に一度はメガネを買い替えねばならなかった。

ワシントン支局で。氏家齊一郎君と

こうして得た知識をもとに取材を重ねて、私は読売新聞一面左肩に、「ホワイト・ハウス」と題する連載を一人で一四回書き続けた。私の興味は、政党の派閥や、集票マシーン、実力者とブレーンの関係等であった。当時のホワイト・ハウスをとりまく人物の中には、後のウォーターゲート事件の黒幕となり、刑事犯となった人々がたくさんいたのである。

私は、ワシントン駐在中、この連載取材中に集めた資料を基にして原稿を東京に送り、『ホワイトハウスの内幕』を出版した。インターネットのない頃なので、ゲラの校正もすべて航空便経由であった。さらに帰国後、持ち帰った膨大な資料をもとに『大統領と補佐官』や『ウォーターゲート事件の背景』を次々に出版した。帰国直後、一年近く編集局参与という閑職にあったので、書く時間が十分にあったのだ。

ワシントン赴任を前に、米国政治に興味を持っていた私は、“Politics U.S.A.”という本を中曽根康弘氏と共訳し、『政界入門』というタイトルで出版していた。また、セオダー・ホワイトの“The Making of the President, 1960”という一六〇〇枚に及ぶ著書の翻訳を、『大統領になる方法』というタイトルで弘文堂から上下二巻を出版していたので、米国政治の仕組みについてはかなり勉強していた。それが、渡米後に大変役に立った。なお、私の頭に白髪が出始めたのは、東京でこれら二冊を翻訳していた頃であったが、三年半のワシントン駐在中に、ほとんど真っ白になってしまった。

なおこの二冊の訳書は、のちに合本にして『大統領への道』として出版、さらに四分の一ほどに抜粋して改版し『大統領職をめぐる死闘』（雪華社）としても刊行して、かなり稿料をかせいだ。米国版は超ベストセラーとなったので、著者のホワイトは『タイム』のカバーになり、巻頭で特集も組まれた。その中で、日本での訳者として私の談話が載ったこともあった。

赴任前、駐日米大使館の書記官クラスを、しばしば五番町の自宅に招いて親しくしていたが、これはワシントン赴任後に大変役に立った。この中の一等書記官、二等書記官が、私の在任中、次々に国務省の日本部長や同次長になっていたからである。

共創十年協定の特ダネ

東京に戻ったのち短期間の編集局参与をへて、私は解説部長を二年半、政治部長を三年半つとめた。このあと、取締役論説委員長に昇格する。

政治部長時代の特ダネは、「共創十年協定」をすっぱぬいたことである。これは、松本清張氏の仲立ちで、宮本顕治氏と池田大作氏が、極秘にホテル・ニューオータニ内の山茶花荘という料亭で会談、共産党と創価学会の間で相互攻撃を止めるといういわば友好協定を結んだことである。現在の自公連立から見れば、考えられないことであろう。

その頃、私は政治部長として、宮本、池田両氏を別々に単独インタビューして、ただならぬ気配を感じた。お二人に、それぞれ共創協力の可能性を質問したところ、二人とも否定しなかった。最後の決め手は、共産党本部の広報部長をしていた宮本という読売新聞の先輩に電話でカマをかけたところ、事実を認めてくれたことであった。

この報道でも特賞をもらったが、やはり無神論のマルクス主義者と、日蓮宗系統である創価学会の〝教祖〟との間の矛盾は解消すべくもなく、この協定は何年もたたぬうちに、霧散してしまった。とはいえ、当時としては、この無神論者と宗教家との間の政治協定の報道が、大特ダネであったことは間違いない。

宮本顕治という人は、私の東大細胞時代に、私を査問した査問委員会議長であったが、もし自民党にいたら、一派の実力者になったかもしれぬような政治家である。戦時中の青年時代、芥川龍之介を論じた「『敗北』の文学」という評論で、『改造』の懸賞論文に、若き日の小林秀雄氏の「様々なる意匠」という論文を抜いて一等に当選したほどの才人であった。池田大作氏と手を握るような策士でもあったのだろう。

私の政治部時代のもう一つの特ダネは、日韓国交回復のもととなった「大平・金合意メモ」である。国交回復の賠償に代わるものとして、無償三億ドル、有償二億ドル、民間経済協力一億ドルを支払うことを、当時の大平外相と、韓国の金鍾泌中央情報部長（のちの首相）との間でかわした密約文書であった。

この会見文書が原点となり、日韓条約が成立、国交回復して、日本からのカネが流入することで、韓国経済の飛躍的発展が実現したのであるが、この特ダネのニュース・ソースは今でも明かすことはできない。

週刊朝日　66

村に帰り、音吉が帰った時は死んでいた。それを知った音吉は、また満州へ行ってしまった。しかのは、いつも気になっていたお秋が死に、音吉が再び満州に渡ってから、やっと音吉をあきらめる気持になった。すすめられるままに、親子ほども年の違う男と結婚した。

無知で純情なしかのの話は、こんな筋だが、この小説は、貧しい村の、お寺の行事を中心にした習俗と生活が、婦人の作家らしく、たんねんに書いてあるのが特色をなしている。著者は、自分の子どものころを思い出して書いたのかも知れない。小説としては、人々の心理に立ち入ることが浅く、記述に起伏がなく、平板である。小説を書きなれない著者にはやむを得ぬことであろうが、貧しい人々の信仰ぶりを、僧籍にある著者が、あれこれと書きながら、それが胸に強くひびいて来ないのはどういうわけであろうか。

しかのの養父源助は、お寺のいろいろな手伝も、如来さまがお命じになるのだと言って、何の報酬を求めようとしないような男で、自分が子どもを生ませられないのをさびしがり、妻に、「子胤を貰ろち来い、人の胤でもおれが家で生れた子ならおれの子たい」と言い、妻が、年下の田舎回りの

に様子を根ほり葉ほり聞いて嫉妬し、泣きくずれる妻を仏間につれてゆき、「お前もホトク（仏）さんに両手をついておゆるしを願え」という話などもあるが、この源助についても書き足りない。〝妙好人〟とまでいわれなくても、無学ながら宗教経験をもった人もいるらしいのに、それをつっこんで書いてもいないし、形ばかりの信仰なら信仰で、それをもっと厳しい目で写すことも出来たはずである。惜しいことだと思う。

（B6判・二百二十一ページ・二百六十円＝東京都中央区京橋　中央公論社）

自民党の官僚勢力

渡辺恒雄『派閥』

「保守党の解剖」という副題がある。日本の政党における派閥対立は、ほとんど一年中新聞その他にぎやかな話題になっている。もちろん、派閥の問題は革新政党にも大いにあるが、本書はとくに保守党、つまり自民党内の派閥を解剖、批判しようとしたものである。はじめ簡単に派閥の発生原因、派閥と領袖、党首としての条件等々と、一通りの一般論はあるが、興味は具体的に現自民党の解剖に筆が移ってからにある。

保守党内派閥の原因が、政策そのものよりも、むしろ「政治資金の流布や、選挙区の対立関係など」政策外の要素にあることは、すでに周知のことであるが、とりわけ金と力との露骨な因果関係が保守党内派閥の勢力消長を絶対的に支配している事実を、そうとう具体的に突っ込んでいる。

たとえば、幹事長とは財界から金を集める役、「幹事長になるためには相当額の金を集める能力を有するという条件が必要」なこと、また岸首相提唱の例の派閥解消運動も、決して体裁のよい表看板の理由だけが真の動機でなく、裏を返せば、資金ルートをすべて

わたなべ・つねお＝大正十五年五月東京生れ、三十二歳。東大西洋哲学科卒、読売新聞社に入り、読売ウィークリーを経て政治部記者となり、官庁、政党詰となり、中でも自民党を一番永く担当、現在は首相官邸詰である。

『派閥』をとりあげた
『週刊朝日』昭和33年10月19日号の書評欄

処女作『派閥』

一哲学青年だった私だが、政治部記者になってはじめて、〝政治理論〟について本格的に勉強することになった。そのために、神田の古書店街を回っては、政治学、政治史の本を片端から買い込んでは読破した。その頃はまだ、現代的関心にもとづいた政治書は、ほとんど新刊書店の店頭になかった。

その勉強の中で、処女作として昭和三十三年初版の『派閥』を書き、続いて『大臣』

『党首と政党――そのリーダーシップの研究』のほか、次々に著訳書を書いた。このうち、『党首と政党』の序章と終章の一部を、本書第三章に「指導力と政治宣伝の理論」として抜粋収録してある。

『派閥』は、当時『週刊朝日』の書評欄で一ページ近くをさいて、私の顔写真入りで書評を出してくれたので、よく売れた。

その頃は、新聞はページ数が少なくて、今日のような大型書評欄がなかった。また出版社系の週刊誌もなかった。したがって、一〇〇万部前後出ていた週刊朝日の書評欄に登場することは、新人の駆け出し記者にとっては、大変ありがたいことであった。

その点で、今でも当時の週刊朝日には深く感謝している。その号の週刊朝日は、宝物のように私の書斎に保存してある。

戦争責任の検証

論説委員長に就任してからの課題は、財政、経済、税制、産業政策を含めた経済政策の勉強であった。政治学、政治史については、ほとんどマスターしたつもりであった。

また、国際政治については、外務省クラブに五年間、ワシントンに三年半勤務して、計八年半外交の現場をトクと見てきたから困らない。しかし、経済政策については全く不勉強であった。

そこで、大変役に立ったのは、大蔵省の財政制度審議会委員に任命されたことである。財政制度審議会は、大蔵省の秀才主計官がずらりと並び、元次官や一流の財政学者、エコノミストがたくさん参加して、熱心に審議する。財政学の大学院に在籍するよりも、豊富な知識を吸収できる場所であった。私が主筆として財政、金融を含めた経済政策についての社論を統一するのに、これほど有用な場所はなかった。

政府審議会というと、御用学者や政府寄りのジャーナリストの集まりだと言われることがあるが、政府の施策批判の場でもあって、しばしば侃々諤々《かんかんがくがく》の論争が展開され、基本理論と実学の双方を学ぶことができる。

毎日・小池社長、朝日・松下社長とともに

現在、主筆としての私にとって、当面の勉強のテーマは、憲法、戦争責任論、財政再建と税制及び社会保障政策などである。

昭和前期の戦争責任については、連合国による「東京裁判」で裁かれただけで、日本人による検証はない。読売新聞は今後一年間をかけ、優秀な記者を動員し、戦争責任を正しく検証して、社論として発表するつもりだ。

体力、知力の衰えを感じながらも、一〇〇〇万部の新聞の社論形成は、至高の使命と考え、現在わが天運・天職の恵みに感謝することしきりである。

〈書き下ろし。二〇〇五年九月〉

第二章　暗かった青春時代

一、共産党体験が残したもの

十九歳の少年をうっとりさせた『共産党宣言』

終戦直後の一九四五年末、私はなぜ共産党に入ったか。そして、一九四七年の二・一ストからしばらくして、なぜ除名されたか。

入党の理由は、反射的、衝動的、情緒的なものであり、脱党の理由は、哲学的、論理的な苦悩に満ちたものであった。

戦中の私の少年時代、青春時代は、暗いみじめなものだった。開成中学時代に、少数の友人からの情報の影響もあり、反戦、反軍少年となっていた。何より、配属将校として校内でのさばっていた下級陸軍将校の圧制に対する反抗心で燃えていた。五年卒業まで待っていたら放校処分になるとの恐怖もあって、旧制高校受験勉強に徹し、幸い四年修了であこがれの自由の世界たるべき旧制高校に入った。

ところが、その旧制東京高校は、極端な軍国主義校長のもとで、またも配属将校、生徒監、体操教師らによって、軍国主義的統制下にあった。一年生時の記念祭の夜、校長以下生徒監や体操教師らを袋叩きにするという暴力的抵抗をやってのけて、退学届を書かされるはめになったが、暴行に加わっていなかった級長の大熊誠君ら数十人の同級生や先輩たちの退学連判状のおかげで助かった。その友情に今でも感謝している。

戦時措置で三年の教育課程が二年に短縮され、しかもそのうち一年間は、軍需工場で最も苛酷な筋肉労働を強いられた。そこでは特攻機の製造をしていた。先に入隊した仲間の命を救うためと考え、砂で固めた鋳型に、灼熱した鉄を注ぐとき、こっそり石ころを入れて不良品にしたが、見つかっていたら投獄されただろう。

東大入学直後

一九四五年四月、小学校卒業後たった六年で、これまたあこがれの東大哲学科に入学した。しかし、一日八時間のスシヅメ講義を三か月ほど受けただけで、新潟県の超過疎山村でひどい急傾斜地の棚田の開墾や、田植えに従事することになった。そこに赤紙、つまり徴兵令状が飛び込んできたのだ。入隊後の陸軍二等兵の生活は、上官による朝晩にわたった殴る、蹴るのリンチの毎日である。

こうして、戦中の高校、大学生活のほとんどを工場、農村、軍隊での苛酷な筋肉労働をして過ごした。ローマの奴隷、米国の黒人奴隷もこれほど苛酷な生活ではなかっただろうと思ったものだ。

それらが、すべて天皇の名において強制された。

敗戦により、解放された早熟な一学生として、廃墟の東大に復学して見た各政党のスローガンは、保守政党から、期待していた社会党まで、「天皇制護持」であり、「天皇制打倒」と書いてあったのは、共産党のポスターだけだった。だから私は、代々木の共産党本部に入党申し込みに行った。

精緻な理論追究の結果ではない。ひたすら絶対主義天皇制と軍国主義体制を、完膚なきまでに粉砕し、民主人民政府を作るとの情熱、いや感情的衝動がそうさせたのだ。理論づけは、マルクス、エンゲルスの『共産党宣言』、エンゲルスの『空想から科学へ』、スターリンの『レーニン主義の基礎』くらいでよかったのだ。

「ヨーロッパに妖怪が徘徊している、共産主義という妖怪が」で始まる序文、第一章の冒頭は、「今日までのあらゆる社会の歴史は階級闘争の歴史である」、そして最終章は、

「万国のプロレタリヤ団結せよ！」で終わる『共産党宣言』は、十九歳の少年をうっとりさせるに十分なほど詩的でさえあった。

オルグの収穫

党員としては、町のビラ貼り、女子大、その他の学校へのオルグ、ある女学校の占拠、閉鎖、我々学生党員による自主授業なども敢行した。

「ある女学校の占拠……」と書いたオルグ活動の一件は、西武鉄道沿線の女学校で、二人の男女教員の解雇について、教員組合から東大細胞に、解雇撤回ストの支援を要求されたことに始まる。学校側の教師の入校を実力で阻止し、東大生の手で授業管理をやったものだ。女生徒たちは喜んでいたが、結局はPTAの実力者が、解雇された二教員をカネで買収してしまったので、我々のほうもスト態勢を解いて退散するというお粗末な結果に終わった。

このオルグの収穫は、当時読売新聞記者であり、後の徳間グループ総帥となる徳間康快さんと知り合い、親友となったことだ。この女学校ストの取材に来ていた共産党系の婦人新聞記者に、後に徳間夫人となる宮古みどりさんがいた。その頃、二人の妹さんと共に下宿していたが、この魅力的な共産党三姉妹にひかれ、私は彼女の下宿先にまで通ったものだ。やがて、みどりさんから徳間さんを紹介され、二人の仲を知った。何十年かたって、彼女は徳間さんと離婚した。その翌年、徳間さんからの慰謝料で、高額所得者全国百位の番付に入ることとなった。

話を戻す。こうした活動中も、私に一つの疑念があった。共産党本部に入党申し込みに行った時、党本部の廊下に貼ってあったビラに「党員は軍隊的鉄の規律を厳守せよ」と書いてあったのである。軍隊に対する憎悪で入党したのに、もう一つの軍隊とは。その疑念を胸のポケットにしまいこんだまま、党活動にいそしみ、やがて東大細胞指導部員となり、事実上、キャップとして、東大細胞の運営を牛耳るようになった。

共産党は「宗教的組織」

だが、その頃には、戦時、高校時代に耽読した阿部次郎の『三太郎の日記』や『人格主義』、西田幾多郎の『善の研究』、私の提案で高校のドイツ語の教科書にしてもらったニーチェの『ツァラトゥストラ』などで構築された精神的世界が、甦りはじめていた。

さらに、大学哲学科でカントの『純粋理性批判』の原書講読があり、必然的にカントの『実践理性批判』は、私のバイブルになっていた。マルクス主義の文献もマルクス・エンゲルス共著の『ドイツ・イデオロギー』から、当時のマルクス経済学の古典的教科書であった山田盛太郎の難解な術語のちりばめられた『日本資本主義分析』なども熟読はしていたが、こうした両極の古典的著作の勉学の中で、強烈な魅力をもって浮かびあがってきたのが、ベルンシュタインの修正主義であり、一九〇〇年前後にドイツを風靡した新カント派によるマルクス主義修正論である。この一文を書くにあたって、自宅の書棚を探していたところ、カール・フォルレンダーの『カントとマルクス』（一九三七年初版・岩波文庫・井原糺訳）が、学生時代に引いた傍線に汚れながら、ぼろぼろになって出てきた。私が修正主義に傾斜していった証拠だ。

この新カント派修正主義に元気づけられて、私は共産党細胞の中で「主体性論争」を巻き起こした。荒正人氏らの「近代文学」同人たちや、真下信一（一高教授）、梅本克己（水戸高教授）両氏らの哲学者が、私の「主体性論」を支持してくれるものと期待していた。

当時の共産党員は、「報いられることなき献身」を呪文のように合唱していた。「報いられることなき献身」には、自己犠牲を合理化する絶対的倫理的価値が必要ではないか。

マルクス、エンゲルスの文献に、そのような倫理的価値の存在を位置づけるものが一語でも、どこにあるというのか。

新カント派のマルクス主義修正論争は、まったく同じ問題を提起していた。

その頃、私の心をとらえたのは、ベルジャエフの「ボルシェビズムの宗教的現象」と題する一文だった。

「大衆は、大衆が人間であることによって、物でも動物でもなく、まさに人間であることによって本来宗教的不安を抱いている。この不安を抱いている大衆が、一つの目的、一つの意志を持った全体的組織の一環として、自己を献身するとき、そこで大衆の個々の宗教的不安は解消する。共産主義はかかる仕方において大衆の宗教的不安を処理し、解決している。」

ロシア生まれのニコライ・A・ベルジャエフは、青年期マルクス主義者となり、ロシア革命を支持したが、流刑された後亡命、ベルリン、パリで宗教哲学者として活躍した。

私は、これを読んだ時、マルクス主義には「報いられることなき献身」を絶対的価値として哲学的に位置付けられることなど不可能で、党員たちは意識しないまま、ある種の「宗教的激情」に支配されているのだ、と確信するに至った。つまり、共産党は、神を必要としないほど狂信的な宗教的組織であり、ここにはカント的人格価値の住む場所はないのだ、と。

私は、東大哲学科の恩師で、ギリシャ中世哲学の権威であった出隆《いでたかし》先生を会長に担ぎ、「東大唯物論研究会」を作り、他大学にも「唯研」設立を働きかけていた。そのため、東京女子大、日本女子大、津田塾大などに行って「哲学講演」をし、女子大生には大変もてたものだが、「講演」内容は、アリストテレス、デカルト、カント、ヘーゲル、マルクス、ニーチェから現代の実存哲学に至るまで、私なりにまとめた哲学史総括で、それは共産党正統派にとって許しがたい内容となっていた。

余談だが、東京女子大に呼ばれて行ったとき、私の話に熱心に聞き入っていた女子学生の中に、すごい美人がいて、私は目を見張った。その女子学生は、現在の日本テレビ会長の氏家齊一郎君の夫人である。

東大新人会を組織する

ついに私は、東大細胞在籍のまま「東大新人会」を創設、綱領や檄文《げきぶん》を自ら書いた。私の書いた綱領

社会主義学生運動の中に、カント的人格主義思想を持ち込もうとした。

は、「新人会は、新しい人間性の発展と、主体性の確立を目指し、合理的且平和的な社会の改造を推進しようとするものである。故に会は人間性の自由な発展を妨害する封建的反動を打破すると共に、公式的極左主義を克服し、社会正義と真理の旗の下に結集する」というもので、学生らしい稚拙さはあるが、あっという間に会員一〇〇人を超し、東大細胞に匹敵する組織になった。

共産党本部が、「極左主義の克服」などという表現を許すわけがない。私は「警察のスパイ」というお定まりのレッテルを貼られ、除名され、東大細胞全員が一時党籍を失うという「解散」処分を受けた。

私は、共産党に入党したことを後悔していないし、除名されたのも当然だと思っている。むしろ、この「共産党体験」はきわめて有用だったと思っている。一方で、一〇〇人の学生党員で、一万人の学生を容易に動かし得るという宣伝煽動《せんどう》と大衆操作の技術を体験し、他方で、全体主義と自由主義の哲学的対決、自分自身のカント哲学解釈の深化を通じ、苦悩の中にも充実した戦後学生時代を送るに至った運命に感謝している。この学生生活を通じて得た友人のネットワークと、哲学、社会科学上の知識の蓄積は、貴重であった。

東大新人会は、今でも年二回「同窓会」を開いている。その中には、元国務大臣、元事務次官、元大使、元大手銀行副頭取、現全国テレビ会長などの顔もある。

日本共産党は、その後、内部闘争と粛清を繰り返し、その運動形態も改良されたが、先の総選挙で泡沫政党となってしまった。ＯＢの一人として残念に思っている。

〈『文藝春秋』二〇〇四年一月号掲載。原題「若者が共産党に魅かれた理由は？」〉

解説と補足

政治部長時代に行なった宮本顕治氏との単独インタビューのさい、私は宮本氏に、「この本部であなたに査問され、除名されたが、その時の『赤旗新聞』に除名理由として〝本富士警察のスパイ〟と断じられた。私はスパイなどやったことはないので、取り消して名誉回復して下さい」

と申し入れた。本富士署は、東大周辺を所轄とする。宮本氏はただちに「取り消します」と答えたので、私は愉快になって、いろいろな笑い話などをして別れた。

ところが、別れる際に宮本氏は、「先ほどの処分取り消しについては、一応再調査したうえで、決定させて下さい」と言った。私は、結構ですと言って別れたが、その後音沙汰もない。

それは無理のないところで、当時の査問委員長・山辺健太郎氏をはじめ、検事側であった後述する武井昭夫や安東仁兵衛両氏らを含む一〇人前後の東大細胞のメンバーは、その後全員宮本氏によって粛清、除名されており、関係者は一人も共産党にいなくなっていたのである。

宮本氏が、共産党最高幹部に登り詰めるまでには、非情にも次々と反主流派を粛清、除名していったのであって、二〇〇五年夏の郵政解散での、小泉首相の反対派粛清の非情さを連想させるものがある。

さて、私が共産党を離れ、読売新聞に入社する直前、コミンフォルムが日本共産党に対して、野坂参三氏らの平和革命路線をこてんぱんに批判する声明を出した（一九五〇年一月）。日本共産党内は、ひっくり返るような騒ぎとなった。野坂参三、徳田球一両氏らを中心とする党政治局は、コミンフォルムの批判に反論する「所感」を発表した。志賀義雄（後に除名される）、宮本顕治両氏は、この「所感派」に反対し、「国際派」と称されるようになる。

この「所感派対国際派」の対立で、共産党は分裂状態になり、当初は所感派が権力を握るのだが、まもなく国際派が優勢になったところ、五一年八月になってコミンフォルムが「所感派を支持する」との判定を下すことで、形勢は逆転する。

この間、東大細胞で、戸塚秀夫（父は海軍中将、兄岩夫は後に大蔵省関税局長）、不破哲三（後に共産党議長）、高沢寅男（後の社会党代議士）の三名に対する武井昭夫（全学連初代委員長）、力石定一（後に法政大学教授）両氏らによる査問リンチ事件が起きている。

私が、共産党本部で宮本顕治氏により査問されたときは、暴力的リンチは受けなかったが、この査問リンチ事件では陰惨な暴力が査問対象者に加えられた。それは安東仁兵衛君（私の開成中の一年後輩で水戸高から東大に進む）の『戦後日本共産党私記』（文春文庫）にくわしく書かれている。たとえば、

「壁を背にして不破が直立不動で立たされていた。訊問は武井がやっていた。…（中略）…突如、武井の手が不破の顔面に飛び、なぐり飛ばされた不破の眼鏡がコンクリートの床の上で音を立てて滑った。ワァーッと恐怖と驚愕が私の全身を硬直させた――小便がもれるほどの衝撃。…（中略）…『貴様！』武井は殴打しながら不破をなじった。…（中

略）…不破は真青になって（スパイ容疑を）否定しつづけた。…（中略）…査問するメンバーは交替であった。戸塚と不破の顔が変形してきたが手はゆるめられるどころかはげしくなった。異様な、あるいは奇怪な情景であった。」

かつて私が査問された時、安東仁兵衛や武井昭夫両氏は私を同様になじったが、手は下さなかった。

私からみると、安東君はかなり過激派であったが、安東君がこのように書くのだから、よほどひどいリンチであったのだろう。

安東『私記』によると、このリンチは、二、三日続けられ、「戸塚はついに気を失って倒れた」。後日、戸塚君は、アドルムを大量に飲んで自殺未遂をしたという。

しかし、結局のところ五一年八月のコミンフォルムによる所感派支持の判定で、国際派の牛耳った東大細胞は分裂解体し、武井、安東両氏らは党から追放され、宮本直系の不破哲三氏が、共産党の書記長、議長と出世していくのだから、事実は小説より奇である。

こうした党内抗争の中で、宮本顕治氏は次々に反対派を粛清し、党内の絶対的権力を握っていく。スターリンのソ連や中国共産党の文化大革命も、同じような、しかし激しく大量殺人を伴う暴力的な権力争奪戦をやっているのだから、今日のような体制内政党としての共産党組織を確立した宮本顕治氏は、おそらく賢い権謀術数家だったと思われる。

こうした共産党の暴力化や軍事革命路線の前に私が脱党し除名されたのは、まことに幸運だったと思っている。

二、恩師 出隆と『哲学以前』

大学で哲学科を選ぶ原点となった

私の生涯を決めた本といえば、中学三年生の時に読んだ出隆《いでたかし》著『哲学以前』である。私がこの書を手にしたのは、その奇妙なタイトルにひかれたためだった。この本は「真理思慕」と題する「哲学すること」への烈々とした情熱をちりばめた序論と、「立場と世界」と題する入門的な哲学概論から成る。後者は、西田幾多郎の『自覚に於ける直観と反省』(以下『自覚』と省略)の解説ともなっている。

序論の「真理思慕」は、講談社学術文庫版で五〇頁ほどの短文だが、著者二十九歳の若き日の激情と鋭敏な理性とが結合しており、私に哲学への思慕の情を沸き立たせ、大学の哲学科に進ませる原点となったものであった(出隆は一八九二年生まれ、一九八〇年に逝去したが、一九二二年にこの書の初版を出している)。

「誘われてここまで来たが、来てみればむかし見た恋人のベアトリーチェ(注・ダンテが少年時代にあった美少女、彼の終生の精神的伴侶でダンテの『新生』のヒロインである）ではなかったと言うものは言え。そこに飲まねばならぬ毒杯があり飛躍せねば越せない溝のあるのは単に世の常というだけではない。……淋しさから身を起こした彼はいまや新たに孤独な道を――しかし勇ましく――進まねばならない」という『哲学以前』の一文（学術文庫版四〇頁）は、当時の哲学少年の胸躍らせるものがあった。

出先生は『哲学以前』の中で、学生たちにすすめる三哲学書として、カント『純粋理性批判』、デカルト『方法序説』、西田幾多郎『自覚』をあげている。

私は、高校時代、西田の『自覚』を入手すべく、神田の古書店のオヤジから、定価三円二〇銭の書物を、米一升五合と物々交換させられたことがある。すでに敗戦直前の飢餓時代で、この因業なオヤジの米をはかりにかける表情は今も忘れられない。書店名も覚えている。

小泉首相の発言で有名になった、小林虎三郎の「米百俵」は、藩士にわけると一人当たり五合に過ぎなかったというから、戦時中、私の母が衣類を売って買った闇米を一升五合持ち出すことが、どんなに苦しいことだったかが分かってもらえるだろう。

現在の私としては、西田の『自覚』よりは『善の研究』のほうをすすめる。事実、出隆『哲学以前』が説く「純粋経験」の立場は、『善の研究』を読んだほうが分かりやすい。その『善の研究』は、終戦直後、岩波書店から発売されたとき、岩波書店のまわりを学生たちが三晩徹夜してとりまいて、買うのを争ったのだが、今日岩波文庫版になって、書店で六〇〇円（税別）で買うことができる。『哲学以前』も講談社学術文庫版で八四〇円である。今日の若者は、この珠玉の如き書を買わず、漫画本を読み耽っているというから、この世も末かと嘆きたくなる。

熱愛体験の思い出

さて一九四五年、敗戦の直前、十八歳で私は東京大学文学部哲学科に入学した。西田幾多郎博士に傾倒していた私は、西田学派の牙城、京大哲学科に憧れていたが、当時空襲が激化し、住所を変える余裕はなかったので、やむなく東大哲学科に入った。入学後、少年時代の崇敬の的だった出隆先生の謦咳《けいがい》に接することになった。

出先生は、戦火に焼け出され、大学の研究室の一隅に衝立を立てて、ベッドを置き、一人で自炊されていた。荒れた大学の庭にさつま芋などを栽培され、空腹に耐えておられた。おかげで、研究室に行くと、いつも出先生に会うことができた。そのうちに、八歳で父に死なれた私は、出先生を父のように思うようになった。

先生はようやく阿佐ヶ谷の自宅に令夫人とともに住むようになった。ある日の夕刻、先生が突然私に、「これから俺を自宅まで護衛してくれ」と言われた。満員電車の中で先生を支えながらお供をしたが、先生の家に着くと、「あがれ」と命じられ、夕食に令夫人手作りのトンカツをご馳走になった。以来、しばしば、先生のお宅に伺った。先生の娘さんが、私の幼時通った阿佐ヶ谷幼稚園を経営する教会の牧師の息子さんと結婚されていたことも偶然で、先生宅に隣接した牧師さんの家を訪れてご馳走になったこともあった。

大学では、先生が黒板にギリシャ語を書いて講義をするアリストテレスを学んだ。ギリシャ語原典を買えなかった私は、研究室で大学ノートに、ギリシャ語のアリストテレス形而上学をせっせと筆写したものだった。卒業論文はヘーゲルであり、ゼミはカントの『純粋理性批判』の原書講読であったのだが。

その頃、私は熱烈に焦がれた初恋の女性にふられたと思い込み、山中湖から先生に、これから自殺するという手紙を書いたこともある。ところがまもなく、彼女が熱愛していたのは、この私自身であったことを知り、あわてて速達で、先生に訂正とお詫びの手紙を書き、帰京して先生のお宅に行った。

先生は、「何だ、余計な心配をさせやがって、バカモノ」と言いながら、だまって先生の『哲学青年の手記』という本をくれた。自宅に持ち帰って読み耽った。そこには、先生が青年時代、恋人に逢いたくて彼女の家のまわりをぐるぐる廻り、結局逢わずに帰った話が書いてあった。

もっとも、私が当時熱愛した女性は、結局のところ他の男性と結婚したから、私のワイフとはならなかった。独身時代、私はそんなプラトニック・ラブを何回も繰り返していた。誰も信じないかもしれないが、大学卒業まで私は童貞であった。

共産党との関わり

私は、終戦直後、共産党に入党していた。だから、先生のお宅を訪ねては、先生にマルクス主義を説き、共産党への入党を勧めた。

やがて先生は、エンゲルスの『空想から科学への社会主義の発展』の訳書を出版するほど、共産主義にのめり込み、入党してしまった。

その後、私は新カント派マルクス修正主義に走り、党内で「主体性論争」という哲学論争を起こし、「右翼日和見主義者でかつ警察のスパイ」だとのでたらめな理由で除名された。

私は、先生の家に行って、今度は逆に脱党を勧めたのだが、先生は「共産主義に満足している」と言って変わらず、ついに東大教授を辞めて、共産党推薦で東京都知事に立候補してしまった。私は、新宿駅前の先生の街頭演説を聞きに行ったが、元来の訥弁《とつべん》で、話にならず、選挙に惨敗された（一九五一年）。

しかし、先生の理想主義的哲学信念は、共産党と相容れるはずもなく、一九六四年十一月に除名された。

先生は、長男をシベリア抑留中に、次男を鉄道事故で失われ、不幸のどん底にあった。また、哲学と現実政治の間でかなり苦しまれていたに違いないが、私にとっては常に慈父のような人間的温かみを示してくれた。

先生の共産党との関わりが、私の思想的遍歴と、どう違い、どこで共通していたか。訥弁ではあったが、いつもジョークとユーモアに満ちた先生の言葉のはしばしから、完全にはそれを察知することができないまま、一九八〇年に阿佐ヶ谷の病院で息を引き取られた。

少年時代に熟読した『哲学以前』と、大学時代の講義で教えられたアリストテレスとは、これまたほとんど関係はなかったけれども、哲学と人間との関係、生身の人間としての生き方については、先生は生涯一貫されていたと信じている。

同じ先生の弟子として、もっぱらアリストテレスについて学んでいた今道友信君は、旧制一高出身の大秀才で、私の哲学科の同期生であり、後に東大文学部長をつとめられ、今でも親しい知友である。同君が書いた自伝『知の光を求めて』（中央公論新社）、及び『哲学以前』（講談社学術文庫版）の巻末「解説」に、先生の人柄についての思い出が書かれている。今道君は、私と全く異なった道を歩いた学究だが、彼の出先生についての文は、よく先生の人柄と、私と別な面での師弟の底知れぬ愛情が書かれており、今読んでも涙が出るほど私を深く感動させるものがある。

今道君は、学生時代すでにギリシャ語、ラテン語の原書を読みこなす超秀才だった。私が大学人として残ることを断念し、ジャーナリズムを志したのは、彼のような超秀才とはとても競争できないと思ったからで、その意味で、今日私が読売新聞社の社長でいられるのも、彼の存在のおかげである。

今道君が、毎週一夜は出先生の自宅で、アリストテレスの『形而上学』の原典の読書会を開いているころ、私は共産党東大細胞の一員であったが、出先生に自宅に招かれ、トンカツをご馳走になったりしながら、マルクス主義を論じていたのも不思議な縁だ。ちなみに今道君には、現在読売新聞に「客員研究員」として籍を置いてもらっている。

〈『文藝春秋』二〇〇一年八月号掲載「出隆『哲学以前』」と、同誌二〇〇二年二月号掲載「哲学者 出隆」を再構成〉

三、葬送曲 チャイコフスキー《悲愴》

私は、自分の死後の葬式について、無宗教の音楽葬とすることを遺言してあり、自選の「渡邉恒雄音楽葬曲目集」約一〇曲を編集し、葬式を約九〇分と想定して、九〇分のテープにダビングしてある。社長室の目立つ所に置いてあるから、秘書が探す必要もない。

葬式にふさわしい曲目としては、ベートーヴェンの交響曲第三番の第二楽章とか、バーバーの「弦楽のためのアダージョ」とか、フォーレのレクイエムなど、適当な曲はいくつもあるが、私は、この中に断固としてチャイコフスキーの交響曲第六番《悲愴》を入れた。《悲愴》が葬送曲としてふさわしいか否かは、異論がおおいにあるところだろう。私がなぜ《悲愴》にこだわるかというと、私の第一回目の〝葬式〟でこの曲を使ったことがあるからだ。

私はまだ十九歳であったが、一九四五年東大入学後間もなく、繰上げ召集で「赤紙」

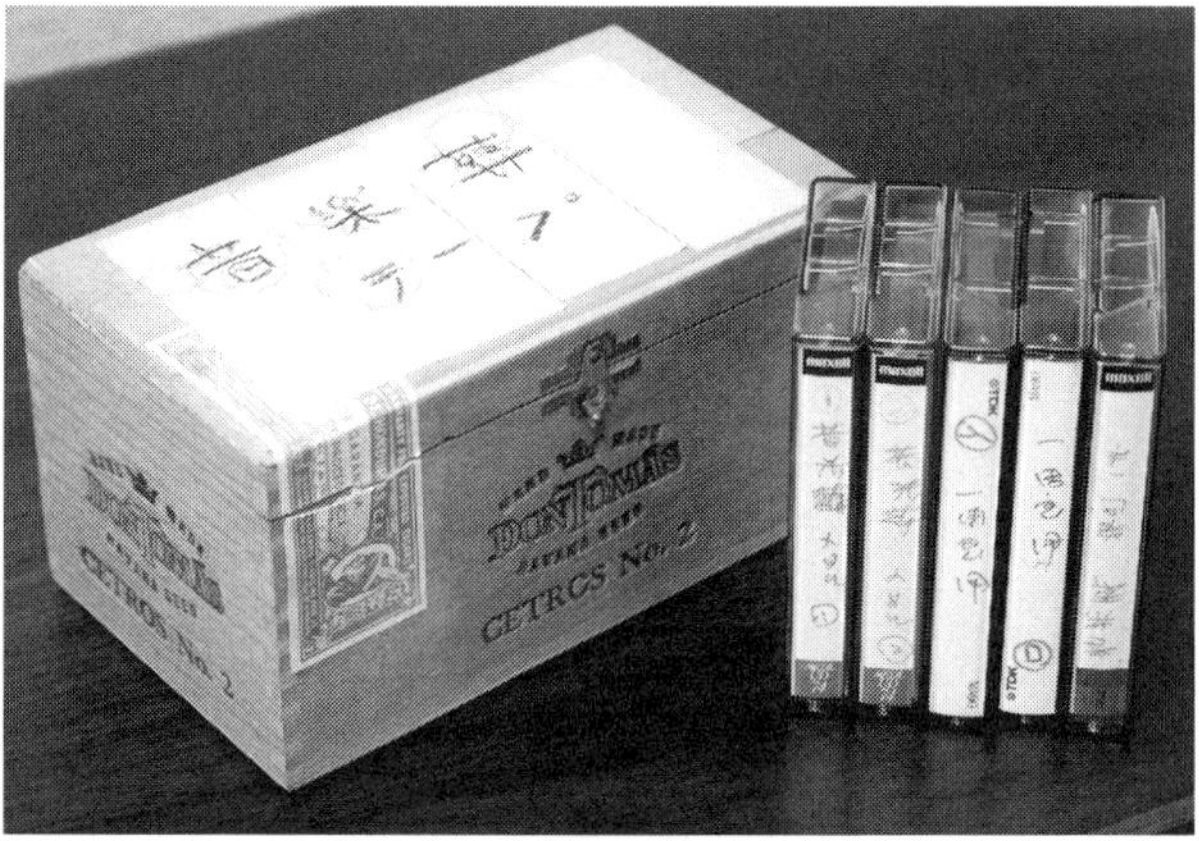

「渡邉恒雄音楽葬曲目集」テープ

（召集令状）を受けとり、明日入営という前夜に、旧制東京高校の後輩たちが一〇人前後、焼け残った拙宅に集まった。

当時、反戦・反軍学生で、敗戦必至と確信していた私は、九九パーセントは終戦に間に合わずに戦死すると思っていた。その夜、後輩たちの前で、母がかき集めて来た一一枚もの「武運長久」の神社のお札を、火鉢に一枚ずつくべて、残らず燃やしてしまった。もとより、母には秘密である。その上で、後輩たちに「これより、俺の葬送行進曲を聞け」と言って、手巻きの蓄音器に竹針で、《悲愴》を一枚ずつ裏返しながら聞いたのである。

私にとっては、絶望的な死への旅路に出るに当たって、もっともふさわしい曲に思えたのであり、その記憶はその後半世紀たってもまったく薄れないのである。

チャイコフスキーの交響曲第六番ロ短調については、作曲後間もなくチャイコフスキーが死んでしまったため、その内容には諸説ある。死因自体もコレラ説、毒物自殺説等がある。この曲の書かれたのは一八九三年だが、一八九〇年には、長年のパトロンだった金持ちの未亡人、フォン・メック夫人に絶交された痛手があり、病的なウツ状態の中で書かれたので、絶望的な暗さがこの曲に流れているという説もある。しかし志鳥栄八郎氏は、そういう個人的なものではなく、この時代、チェーホフ、ツルゲーネフ、ドストエフスキーも生きたロシアの不安な暗黒な救いようのない時代の空気の全体の反映であると解釈している。私の少年時代も同じような暗黒の時代であった。

第一楽章、アダージョ——アレグロ・ノン・トロッポは、まったく重苦しく低い序奏で始まり、対極的な二つの主題が提示され、展開部で悲劇的な高揚があった後、消えるように終わる。

第二楽章、アレグロ・コン・グラツィアには、指揮者ニキシュが「涙を通じての微笑みのようだ」と述べた美しい四分の五拍子のニ長調ワルツが登場し、ひとときの心をいやすが、ここも死を暗示する静寂で終わる。

第三楽章、アレグロ・モルト・ヴィヴァーチェ（ト長調）では、舞曲風スケルツォと壮烈な行進曲が、地響きのような太鼓の連打を伴いながら、華麗に力強く奏でられる。しかし、それは破滅的な決戦場におもむこうという若い兵士にとっては、最期の進軍ラッパに追い立てられるような切迫感となる。半世紀前の召集前夜の私には、そうとしか聞こえなかった。

第四楽章、アダージョ・ラメントーソこそ葬送曲にふさわしい。まさに戦場での息絶える場面を暗示するように、うめくような序奏だ。そして獅子が悲嘆の吠え声をあげるような奏《しら》べを経たのち、陰々滅々としてすべての楽器が泣き疲れたように声をひそめ、ついには息を止める。

陸軍二等兵として奴隷的に酷使されていた時、私は頭の中でこの曲を再現しつつ、ニーチェの『ツァラトゥストラ』の「没落することは美しい」という言葉を思い浮かべ、底なしの闇と戦っていた。《悲愴》を私自身の音楽葬の葬送曲として選んだゆえんである。

〈『音楽之友』一九九五年四月号掲載〉

解説と補足

私が召集令状＝赤紙を受け取ったのは、山奥深い新潟県関川村の農家であった。

東大に一九四五年四月に入学した時は十八歳であったが、五月に満十九歳となった。東大では、四、五、六の三か月間、一日八時間もの詰め込み講義で試験があり、幸か不幸か、この試験で、卒業までの三年間で必要な単位の過半数をとってしまった（このことは、戦後大学講義の必要単位をとることに時間を要さず、学生運動に没頭する余裕を大いに作った。私にとって、大学とは勉学よりも思想運動の場となってしまったことが良かったか否か、疑問に思うこともある）。その直後から、新潟県の山奥の寒村に、作業の勤労動員で送り込まれたのだ。

そこで体験した農作業は、私たちにはかなりつらいもので、田植えだの、山奥からの薪運びなどをさせられた。

山奥の貧農では、便所で大便を始末するのに紙を用いるのは許されず、柿の葉で尻をふくのである。化学肥料のない当時、田畑の唯一、最高の肥料は人の糞尿であった。したがって、その中に紙が混じると、腐らないから稲の苗の成長を妨げる。そこで、紙で大便の始末をすることが許されなかったのである。

その農家の便壺の糞尿をたっぷり入れた桶を吊った竿を、私と私が宿泊させられていた農家の同年の娘と二人で担ぎ、四五度もの傾斜道を登って、山の中腹の棚田に運び、透き通った水をはった田の中に投入する。透明の水はただちに黄茶色になる。その娘は、作業中尻をまくって、我々が共に立つ田の中に小便をする。小便も肥料の一部であって、草むらなどにしゃがんで放尿してはならないのである。その娘の露出した尻を見ても、性欲などいささかも起こる環境ではなかった。

夜になると、農家の二階の一室で一人で寝る。何百匹というヘッピリ虫が飛んで来て、臭くてたまらない。その中で、一〇ワットくらいの暗い裸電球の下で、私はカントや西田哲学などを必死に読みふけっていた。

貧農の生活がどんなものであるかを、初めて認識した。唯一の救いは、白米と生卵一個が三食食えたことであった。それ以外の肉類魚類はまったく食卓に出ない。これが当時の貧農の生活であった。

私より先に、東大独文科の学生に赤紙が来た。私は彼をなぐさめるためにと思って、「戦場にも詩があるよ」と言ったら、その学生は〝詩〟を〝死〟と聞き間違えて、手に持っていた握り飯を畳の上にポトンと落としてしまった。顔面は蒼白であった。この頃は東京大空襲などもあって、もはや敗戦確実であることは、大部分の学生にはわかっていた。赤紙はいわば〝死刑〟の宣告書と同じだった。

その赤紙はまもなく、私のところにも来た。当時は、通常二十歳の徴兵年齢が十九歳に引き下げられていたのだ。

愛国的な学生、もしくは戦争の実情を知らぬ学生は、兵卒より将校になることを願い、特別幹部候補生を志願して出征した者もいたが、反戦学生であった私は、将校になることに意味を感じなかったから、幹部候補生試験を受験せず、二等兵への道を選び、やがて入隊した。

一度外泊があった時に、ポケットにカントの『実践理性批判』の岩波文庫版、研究社のポケット版英和小辞典、ウイリアム・ブレイク詩集の研究社英文小冊子版の三冊をしのばせ、ワラ枕の中に隠し持っていた。見つかったら重営倉だったろう。

私の所属した砲兵連隊は、米軍が相模湾に上陸作戦をしてくることを想定し、一〇サンチ榴弾砲で迎撃することを使命としていた。もし米軍が上陸してきたら、私はうまく軍隊から脱出して降伏する。成功すれば、一年や二年は捕虜収容所に入れられるだろうと空想し、その間、飽きることなく読めるものとして、『実践理性批判』と『ブレイク詩集』、そして米軍との会話に備えるつもりで英和小辞典を選んだのである。

いうまでもなく、ポツダム宣言受諾となって、これらを使うことはなかった。一回だけ許された外泊のさいに、拙宅に集まった旧制高校の後輩たちから、原爆という恐ろしい爆弾が投下されたことを知り、またポツダム宣言の全文を入手していたので、降伏は九月を想定していたところ、八月十五日に早まったため、一命を取りとめた。

入隊前夜に聞いたチャイコフスキー交響曲第六番を聞くたびに、今でもあの暗い時代を思い出してしまう。

第三章　政治家と指導力

一、小泉首相に友情をもって直言する

※本編は、小泉内閣が「竹中金融再生プラン」を出して、金融パニックが起きそうな時点での執筆である。

流行語としての「構造改革」

「ある教義が大体において間違っていないならば、たとえその表現方式が、かならずしも現実に即さないようになっても、そのままにして置いた方がよい。もしわれわれが外面的な構成を変更して、もしその教義に対する疑惑をまき散らしてしまうと、大衆にその教義を盲目的に信じこませることができなくなってしまうからだ」

小泉純一郎首相は、意図してか否かは別として、この歴史的政治家の教訓を大切にしているように思われる。

そもそも「構造改革」という言葉は、イタリア共産党のトリアッチが唱えた、国家の

小泉純一郎首相、スタインブレナー
（ヤンキースオーナー）一家とともに

経済政策を、共産主義革命によらず、国民の下からの力で改革するという、共産主義の路線変更理論だった。「社会主義へのイタリアの道」という論文で述べられ、一九五六年のイタリア共産党全国大会で発表された。

社会党の江田三郎氏が、一九六〇年代になって、社会党改革のためにこれを転用したため、江田一派が「構革派」と呼ばれた時代がある。頭の古い筆者などは、小泉構造改革論を初めて聞いたとき、トリアッチ＝江田理論の復活かと思ったほどだ。小泉首相は、江田の「構革論争」の頃はまだ慶応の学生で、これを勉強していなかったのかもしれない。

少なくとも、『広辞苑』第五版には、構造改革とはこのトリアッチの改良理論のこととしか書いてない。一九九九年初版の三省堂『新辞林』で、ようやく「構造改革」とは「対外不均衡の是正、あるいは国民生活水準の向上を目的に、国の経済・産業構造を調整・転換すること」と定義されている。

二十一世紀初頭、小泉内閣が誕生して以来、確たる理論的定義をされないまま突然「構造改革」の語は、マスコミに使用される最も頻度の高い政治用語もしくは流行語になってしまった。

吉川洋東大教授は、二〇〇一年の年の瀬に、ドラッグストアーの前で、整髪料の広告と思しき「髪の構造改革」というポスターを見て驚いた。そして「『構造改革』は、宣伝文句に使われるほど、ポピュラーな言葉になった。いまや、時代のキーワードとも言えるだろう。しかし、構造改革とは何かについての国民的な合意が形成されているとは言い難く、誤解と混乱があるようだ」とその近著『痛みの先に何があるのか』(東洋経済新報社刊・島田晴雄慶大教授との共著)の冒頭に書いている。

吉川教授は、内閣の経済財政諮問会議のメンバーであり、島田教授も内閣府特命顧問であって、小泉首相の公的ブレインである。

テレビ政治の時代

さて、冒頭に書いた教訓は、あの凶暴なナチの独裁者、アドルフ・ヒトラーの『わが闘争』に書かれている。

彼はその書の中で「ウソをつくなら、大きなウソをつけ」「大衆は女のように、自分を支配してくれるものの出現を待っているだけだ」と、大衆支配のテクニックについて書いている。

今から四七年前の一九五六年に、大宅壮一氏は、テレビ文化の活字文化に対する優越の時代を予言して、テレビによる「一億総白痴化」論を提起した。それが現実となるのは四十余年たってからのことであったが。大宅氏は当時次のように書いた。

「視角の刺激の度＝視る興味も、質も考えずに、度だけ追っていくと、人間の最も卑しい興味をつつく方向に傾いていく結果になる……。視聴率の競争がそれに拍車をかける。」

大宅氏が「一億総白痴化」の警世的造語をする三年前に、ようやく街頭テレビに群衆が集まり、NHKが大相撲中継を開始し、一年後には、プロレスのテレビ中継が人気を得た。それだけに、大宅氏の慧眼には敬服するほかない。

日本でカラーテレビの本格放送が始まったのは、その四年後の一九六〇年である。この年、米国では、ケネディがニクソンをまさにテレビ論争で打ち負かし、一般投票十二万票という僅差で、大統領の座を勝ち取って、選挙政治上のテレビの威力を史上初めて世界に知らせ、政治学者たちの分析対象ともなった。テレビ利用が、日本政治を決定付けるようになったのは、その四十年後、小泉純一郎首相の登場による。

日本政治史上、テレビの活字媒体への優越を予感させる最初の象徴的出来事は、佐藤栄作首相が、退陣間際の記者会見で、新聞記者の退場を要求し、テレビに向かってのみ一方的に発言した事件である。もっとも、佐藤首相がテレビ操作に巧みな、劇場型政治家であったわけでは、まったくない。

その後、中曽根康弘首相が、「近代政治というものはテレビを無視しては行えない。世論形成というのは、非常にテレビでできている。そういう意味において、テレビあるいはインタビューというものをいかにこなしていくかという特別な勉強もやる必要がある」（一九八七年九月十二日、自民党研修会での講演）と語ったことがある。

しかし中曽根内閣が長期政権を維持したのは、テレビによるワイドショー的劇場型政治を駆使したことによるものではない。中曽根内閣の業績の一つ、国鉄、電電公社（日本電信電話公社）の民営化は、小泉内閣の道路、郵政の民営化のモデルとなっているが、当時中曽根首相は、これを行政改革とは言ったが、「構造改革」と表現したことは一度もない。

体系なき叫喚的スローガンの魔術

かつて世界を動かした政治的リーダーたちは多くの著作を残した。マルクスもレーニンも万巻の書を残し、チャーチルは文筆家として知られ、ノーベル文学賞を受賞した。ヒトラーは『わが闘争』を一千万部近くも売って、その独裁政治に利用した。F・D・ルーズヴェルトも、ブレイン・トラストを集め、ニューディール政策の思想体系を大成した。『毛沢東語録』は初期の中国共産主義、特に「文化大革命」のバイブルであった。

丸山真男は、その『現代政治の思想と行動』の中で、日本の昭和戦前の超国家主義が、概念的組織を持たず、いわば叫喚的スローガンの形で現れていることは、ナチス・ドイツがともかくも「わが闘争」や「二十世紀の神話」の如き世界観的体系を持っていたのに対し、著しい対照をなしている――と書いていたのを思い出す。

小泉首相は、もとより超国家主義者ではないのだが、「改革なくして成長なし」「自民党をぶっ壊す」といったようなワンフレーズ政治を見ていると、「概念的体系」なしに「叫喚的スローガン」を連発しているような気がしてならない。

小泉首相には『官僚王国解体論』なる著書があり、首相公選制、首都機能移転、郵政三事業民営化の三つの政策が日本の財政を救う道だ……と書いているが、これは別に概念的組織、世界観的体系というほどのものではない。彼はこうした著書よりもワイドショー全盛時代のテレビ政治を武器とする、日本で最初の成功した劇場型政治家となった。

彼の政治技術は、ワンフレーズ・ポリティックスである。活字文化時代の概念的体系や精緻で難解な政策理論は、この政治技術からすると、有害無益である。

小泉政治に特有の断片的政治発言は、日常的に次のように構成された舞台で国民大衆に向けて発信される。

それは新築された首相官邸四階の西側にある大会議室前のフロアで、備前焼をはめ込んだ壁を背景とする舞台（俗に「備前焼前の会見」と呼ばれる）、もうひとつは旧首相官邸から持ち込んだ衝立を背景にした舞台（これを「衝立前の会見」と呼ぶ）。

基本的に一日二回、正午前と午後六時から七時半までの間とに行われる。昼は撮影は不可だが、夜はテレビ撮影が許可される。

注目すべきことは、この一回の会見時間が、例外なく一分から長くても五分以内であるということだ。

内容は、主としてその日の出来事に対する質問と応答だが、宇多田ヒカルの結婚とか、巨人・松井選手のメジャー挑戦など、軟派ネタの感想は、小泉首相のもっとも得意とするところである。経済政策について新たな見解を述べることなどはほとんどなく、二〇〇二年四月の新官邸移行後、あったとすれば、十月七日、「ペイオフ全面凍結解除の二年間延期」について、それも、経済財政諮問会議での決定に事後的に簡単に触れた一件に過ぎない。

日常的に、小泉首相がテレビを通じ、国民の前に露出するのは、この午後六時過ぎの「会見」の、テレビ・ニュース用に編成された一〇秒とか三〇秒とかの映像であり、その露出時間制限内での発言だ。これが小泉ワンフレーズ・ポリティックスの妙技であり、それもテレビを通じて、何千万もの国民に強烈な政治的インパクトを与える。

二人に一人が「わからない」

ウォルター・クロンカイトは、米国テレビ界のアンカーマンの草分けとして、CBSで一九年間活躍、「大統領より信頼できる人」として名を馳せた。その彼が自伝『クロンカイトの世界』（浅野輔訳、TBSブリタニカ刊）で、テレビと政治について、次のように書いている。

「国民がニュースの情報源をもっぱらテレビに依存するようになれば、民主主義の屋台骨が危うくなると言っても過言ではない。」

「テレビ・ニュースの特質は、すべてその時間的制約から来ているのだが、それが多かれ少なかれ、伝えるニュースを歪めている。」

大宅壮一の「一億総白痴化」論の警告からほぼ半世紀ほど後に発せられた、この生粋のテレビ人間の書いた警世の言葉は、現代のテレビ政治の核心を突いたものであろう。

前任の森喜朗首相の場合、このような舞台装置はなく、アトランダムな番記者のいわゆる「ぶらさがり質問」に答えるのが常であった。

しかも、記者扱いの下手な森首相はその片言隻句を針小棒大に書かれ、時にはカリカチュアライズされるのに腹を立て、番記者との関係は険悪になるのみだったから、彼の場合、マスコミ露出は政治的成功ではなく、失敗のストーリーとして語り継がれている。

私自身、料亭やレストランでの会合で酔っ払って出たところを、巨人軍オーナーとして、道路上で巨人番記者団に囲まれることが多い。虚を突かれた質問に対し、うっかり答えると、スポーツ紙に片言隻句を針小棒大に書きたてられ、「ナベツネ吼える」などの大見出しを付けられて閉口する。昨年（二〇〇二年）末に至り、ようやくその愚を反省し、一切沈黙することにしたら、被害がほとんどなくなった。森前首相の気持ちが理解できたというものだ。

番記者諸君には失礼かも知れぬが、右のような舞台装置の超短時間会見で、政治的経験も少なく、高度の経済理論に精通しているわけでもない記者が、首相が応答に苦しむような国の政策の肺腑を衝く質問をすることは、期待すべくもない。だから、この定例廊下会見では、大衆操作に巧みな小泉首相の独壇場になっても不思議はない。

ただし、読売新聞の世論調査によると、テレビでの首相のコメントでその政策がわかるかどうか、との問いに対して、「わかる」という答えは一八パーセントに過ぎず、二人に一人が「わからない」と答えていることを付け加えておかねばなるまい。

このような批判に対応して、首相はラジオによる世論操作を考え出した。ルーズヴェルトの〝炉辺談話〟の真似らしいが、「廊下会見」より効果が出るか否か見ものである。

郵政民営化を打ち出す

このあたりで「構造改革」なる政治・経済的用語の政策的位置づけをしておこう。

すでに、一九五五年、日本は安価なブラウスやシャツの対米輸出で「ワンダラーブラウス事件」を起こしているが、その後「ダンピング輸出」は繊維から鉄鋼、カラーテレビ等に及び、米側の提訴や日本側の輸出自主規制が繰り返された。紛争はついに為替相場に発展し、一九八五年の円高誘導の「プラザ合意」に至った。市場競争を至上とするか、政府介入を認めるかの論争は、世界各国間にもあり、貿易上の「構造調整」が必要とされた。

一九九〇年代に入り、日米貿易摩擦解消のためには、単に貿易収支だけでなく、特に日本国内の流通の合理化や企業間のカルテル等の排他的取引慣行の排除などの規制緩和や産業構造改革に着目しなければならない、との論議が展開されるようになった。そこで、日米間の話し合いは「日米構造協議」と呼ばれた。

一九九三年末には、細川首相の私的諮問機関だった「経済改革研究会」(平岩外四座長)

が「日本経済の構造改革」を促す最終報告をまとめた。その中心点は、規制緩和、経常収支黒字の削減、公共投資配分の見直し、景気対策の早期実施等だった。

その後、橋本内閣で財政赤字解消策のひとつとして一九九六年、消費税五パーセントへの引き上げ等、財政再建が重点政策とされたが、政府与党実力者による「財政構造改革会議」がこれらを推進した。

当時、小泉純一郎氏は九六年には細川元首相らとともに、政治家、学者、財界人らで作られた「行政改革研究会」で、「郵政事業の民営化」を早くも打ち出している。橋本内閣時代の九七年九月十二日には、厚生大臣小泉純一郎は、「郵政三事業の民営化ができなければ、〝抜本改革〟は失敗する」と言っている。

その頃、私は橋本内閣の行革会議委員として、郵政事業等の官業を民営化し、特殊法人にメスを入れることを強硬に主張していた点で、小泉首相と期せずして同じ立場にあった。だから私は小泉改革のすべてに反対しているわけではない。

体系的な理論は「有害無益」

このような脈絡の中で二〇〇一年四月に政権をとった小泉首相は、まず、これまでの彼自身の発言に整合性をもたせるため、一方で郵政三事業と道路公団の民営化を、他方で橋本内閣以来の財政構造改革路線に沿って、「国債三〇兆円枠」という財政課題を据えた。要は行財政改革であって、わざわざ「構造改革」という多義的用語を使う必要はなかった。

このあたりで産業構造改革は、政府と市場の関係を中心とする日本の政治経済構造全般の構造改革に踏み込むことになる。これをラディカルに実行すれば「非効率な企業を潰さなければ、全体の経済効率は向上せず、成長はない。このため倒産、失業が大量に出るが、これは〈改革のための痛み〉で、我慢するほかない」ということになる。

もちろん、首相がこれをストレートに言うと、支持率が下がる。そこで産業再生機構とか、企業への転職奨励金や中小零細企業への貸し出し保証といった「セーフティネット」を構築するという。

しかし、企業整理（出血）とセーフティネット（輸血）の効果との間には大きなタイムラグがあり、輸血量の何倍もの出血が避けられず、その結果、不況がいっそう深刻化することは歴史の教えるところだ。

問題は、改革による現状破壊効果によって多くの企業の効率化が進んで、不況を循環的なものにして、産業全体を再生させることができるか、そうではなくて長期間回復不能な構造不況を一層ひどいものにして、恐慌突入の引き金を引くに至るかである。小泉首相は多分に楽観的な循環論を採っている。そして「デフレ克服が先か、改革が先か」――という、ニワトリかタマゴかの論争の中で、首相は「改革が先だ」を初めから選択したのである。

竹森俊平慶大教授は、その著書『経済論戦は甦る』（東洋経済新報社刊）で、シュンペーターの「創造的破壊」理論を改革優先派のモデルとし、大恐慌時代にリフレーション政策を提言したフィッシャー理論をデフレ克服優先派のモデルとして対照させ、このニワトリかタマゴかの論争を解明した。同教授は「創造的破壊論」を批判し、フィッシャー理論を再評価している。この書をぜひとも小泉首相に読んでもらいたいのだが、読書よりオペラや歌舞伎を好む彼は、読みたくないに違いない。この種の体系的理論は、彼のワンフレーズ・ポリティックスにとって、有害無益でもあるから。

国債発行三〇兆円枠の課題は二〇〇二年度予算で、本来国債の償還に当てるための財源である国債整理基金から、二兆五〇〇〇億円を引っ張り出して、一般会計歳入に入れたとき、事実上、すでに放棄されていた。そして二〇〇三年度予算で三六兆円を突破したときに破綻したのである。

竹中流ハードランディングの危うさ

ここまでなら、旧来の行財政改革の延長に過ぎなかったのだが、小泉「構造改革」はさらに、バブル崩壊後の懸案であった金融システムの構造改革に踏み込むことで大混乱に直面する。

因みに、小泉政権発足時の日経平均株価は一万三九七三円、東証一部上場株式の時価総額は三七九兆円だった。昨年（二〇〇二年）末の大納会終値の八五七八円を時価総額で計算すると二四三兆円になる。つまり、小泉構造改革もしくは小泉不況のため、一部上場株式時価総額のみで、一三六兆円もが、企業、個人を含めた国民の懐から消し飛んだ勘定になる。「国債三〇兆円枠」にこだわった小泉首相は、この一三六兆円の数字を知ってか知らずか、口にしたこともない。

二〇〇二年九月三十日の内閣改造で「竹中金融担当相」が誕生する直前の日経平均は九五三〇円であったものが、そのわずか十三日後の十月十日には、一時八二〇〇円割れもあった。いかに株式市場が〝竹中パニック〟に脅えたかが示されている。

注目されるのは、〝竹中パニック〟の銀行株に与えたショックである。竹中路線が狙い撃ちにした四大銀行のうち、この内閣改造直前に、みずほは二八七円、UFJは三二〇円であったのが、二〇〇二年末に、二行とも一時一〇〇円割れという暴落をしたのだ(五〇円額面換算)。このメガバンク株の暴落は昭和恐慌以来のことだろう。

金融構造改革に関する竹中構想を具体的にいうと、金融機関の「繰延べ税金資産」の自己資本への繰り入れの制度が第一の柱だった。有税で積んだ貸倒引当金について有税処理した税額を、将来損失が確定すれば還付されるものとして自己資本に算入できることは、二〇〇〇年三月期決算以来、日本で認められてきた税効果会計制度である。

五年間分の還付見込額を「未実現の資本」として自己資本に算入できた従来の制度を、竹中金融相の当初案では突然、一年間分に制限しようとした。それだと、大手銀行の自己資本は、とたんに半分前後が吹き飛んでしまい、公的資金注入の強制―国有化、経営者の追放……に追い込まれる。

このハードランディング路線が昨年末、小泉・竹中プラン通りに実行に移されていたら、銀行の「貸し渋り」「貸し剥がし」が一挙に加速され、大型倒産や大量失業が発生し、中小企業は死屍累々となり、小泉恐慌の引き金になっていたかもしれない。

竹中ハードランディング計画は、青木幹雄参院幹事長、麻生太郎政調会長、相沢英之税調会長らの自民党実力者に、最後は山崎拓幹事長も加わって、未然に大骨を抜いた。

ハゲタカ・ファンドの侵略

その頃から、小泉首相は〝教義の変更〟ととられないよう用心しながらも、いささか本来の「構造改革」路線を修正するような表現の変化が見られるようになったのに、私は注目している。

たとえば、二〇〇二年末の小泉発言を並べてみよう。

①「経済情勢の変化に対応して、大胆かつ柔軟に対応する」（十一月十四日）

②「四季を通じて葉っぱの色が変わるのを見て、幹まで変わったというのは当たらない」（十一月十五日）

③「そこまで私が言うべき問題ではない、任せているんだから」（十二月二日）

①は二〇〇二年度予算について補正予算を編成せざるを得なくなったとき、②はその補正のため新発国債額が三六兆円を超えたことについて、③は、散々混乱した挙句、道路関係四公団民営化推進委の最終報告取りまとめに当たって、それぞれ記者団に語った

ものである。

小泉首相は、米国のハゲタカ・ファンドの侵略に道を開く竹中平蔵―木村剛ラインのメガバンク破壊戦略の狙いを知らなかったに違いない。しかし、与党実力者の抵抗の強烈さに驚いて大臣竹中に「与党とよく相談してくれ」と指示した。

政策理論の変更には天才的な能力を持つ竹中金融相は、首相に忠誠ならんとしてか、おもねろうとしてか定かではないが、平然として大胆な路線変更をやってのけた。首相の「与党と相談してくれ」の指示に対して、大臣竹中は周辺に「後ろから撃たれたみたいだ」と語ったとの証言もある。

まず、繰延べ税金資産については、金融審議会に委ねるとして、事実上撤回した。

そして貸倒れ償却及び引当金の無税償却や、過去一五年遡る繰戻し税金還付及び欠損金の繰越控除期間を五年から一〇年に延長することなど、大手銀行首脳がのけぞって喜ぶような優遇税制を「金融庁の税政改正要望」という一六ページにわたる文書として、与党に提出した。もとより、自民党税調と財務省主税局が潰してくれるであろう、との計算済みである。

〝ハゲタカ・ファンド〟と書いたが、当代売れっ子のエコノミスト、森永卓郎氏は『日本経済最悪の選択』（実業之日本社刊）の中でこう書いている。

「デフレと資産デフレの恩恵を大きく受けている人がいる。それがハゲタカ・ファンドである。…（中略）…ハゲタカの正体は外資だけではない。彼らの背後には、国内金融機関、個人資産家らのほか、ハゲタカの活動を支援する世論を作り出そうと暗躍する経済学者や評論家がいる。それら不良債権に群がって利益を得ようとする国賊の日本人をすべて含め、〝ハゲタカ〟と総称することにする。」

森永氏は続けて書いている。要約すれば日本政府に生贄を差し出させるためにハゲタカたちが考えた理屈が、「大手問題企業に対する不良債権を早期処理することこそ日本経済の再生につながる」というもので、それが「大手三〇社問題」だ――となる。

大手三〇社問題というのは、木村剛という金融コンサルタント業者（KPMGフィナンシャル株式会社代表取締役・社長）が提起したというのが定説だ。木村氏は『円が日本を見棄てる』（実業之日本社刊）の中で、「大手三〇社問題とは何か」と、堂々とその「真意」について書いている。木村氏は竹中金融相の最も信頼するブレインであり、政府の「金融再生プログラム」を作成した中心人物。金融庁顧問で同庁の金融プロジェクトチームの主要メンバーであり、続いて金融審議会のワーキング・グループで税効果会計と地方銀行の問題を審議する二つの部会のメンバーに起用され、依然日本の金融機関の死命を制する権力を握っている。

森永著の『日本経済最悪の選択』に述べられた「国賊の日本人」である経済学者・評論家の中には、前後の文脈から推察すると、竹中・木村のイメージが浮かんでくる。

「純ちゃんは、やっぱりブルジョアだよ」

小泉首相は、前記のような大胆な竹中構想とその後の妥協案が出てきた経過については、一言も言及していない。改革の教義変更との批判を回避するためであろう。しかし、これは大手銀行の生死にかかわる政策の変更だったのである。

小泉首相は構造改革の〝教義の変更〟は、大衆の信を失う、つまり支持率の低下につながるとして、微妙な言い回しで論理の矛盾を隠し、なお両手を振りあげて「改革まっしぐら」と叫んでいる。しかし言葉と現実との溝は深まるのみだ。

この溝を埋めるためだったのか？　小泉首相は二〇〇三年一月十六日、自民党大会での挨拶で「改革を進めることで経済を再生できる」と言いながらも、「デフレを抑制しながら構造改革を進める」と述べた。この発言は、これまでの構造改革路線の軌道修正だったのか、「葉っぱの色が変わっただけで、幹は変わらない」とまだ言い張るのか。もし政策転換を認めるならば、大胆な内閣改造を断行せねばなるまい。

正直な道は、スローガンを逆転し、「景気回復なくして構造改革なし」と、青木幹雄氏が参議院の代表質問で忠告したように、君子豹変することだ。ヒトラーの時代と違って「大衆にその教義を盲目的に信じこませる」ことなど、不可能なことを知り、内閣のブレインたる学者から「国民的な合意が形成されているとは言い難く、誤解と混乱がある」（吉川洋）と指摘され、今や意味不明となった「構造改革」の語の反復を停止したほうがよい。

昨年末、彼はある席で、日本経済の実情を、不況が深刻だという私に「不況と言うが、銀座に行けば、ルイ・ヴィトンなどの外国のブランドものが、じゃんじゃん売れている。新しい丸ビルのレストランには、行列ができている。何が不況だ」と反論した。私は、「そんなのは、一部の富裕階級か、パラサイト・シングルであって、九九パーセントの庶民は一〇〇円の讃岐うどんや、五九円のハンバーガー店に行列しているよ。それを見たことがあるのか。純ちゃんは、やっぱり慶応出身のお坊ちゃんのブルジョアだよ」と応酬した。彼は「一〇〇円のものも売れるかもしれないが、三〇〇円、五〇〇円のものも売れている。外資はどんどん入って来た方がいいんだよ」などと、私の不況深刻論に耳を貸さない。

これが、オペラ・ホールや歌舞伎座や、高級ホテルのレストランや理髪店にしか行くことのできない総理大臣の世情認識かと思った。しかし、朝から夜までギッシリと日程の詰まった総理大臣に、水戸黄門のように変装して、隅田川や、新宿中央公園のホームレスのテント村に行って、民情視察しろと言っても無理だろう。

側近のブレインや、閣僚、党の要人たちが、本当の民情や不景気で苦しむ中小企業の実態を、わかりやすく報告すればよい。もっと、庶民生活との距離を縮めてもらいたい。そして欲を言えば、竹中教授以外の専門家からマクロ経済政策や、金融政策について聞いてもらいたいものである。

〝厚生〟の二文字を守った頼もしさ

私は小泉首相を感情的に嫌悪しているのではまったくない。私が前立腺ガンでがんセンター中央病院に入院中、厚生大臣であった彼が、ガウン一着を手土産に、私の病室を見舞いに訪れ、心をこめて見舞い、激励してくれたときの温かい表情を未だに忘れられないでいる。

その時、橋本行革で、厚生省が労働省と統合し「労働福祉省」となりかけていた。私は、古い伝統を大切にする立場から、大蔵省を財務省とするのにも反対であったが、「厚生」の二文字を抹殺するのにも反対であった。そこで見舞いに来てくれた小泉厚相に「絶対に〝厚生〟の二文字を守ってもらいたい」と頼んだ。その翌日、彼は厚相として、「厚生」の字を消すことに大臣の職を賭してでも反対する考えを表明し、政府・与党内は大騒ぎになった。この勇気ある発言のおかげで、今日も「厚生」の名は残っている。私はその時、《この人は本当に頼もしい人だ》と思ったことがある。以来、友情は変わらない。だが、

「純ちゃん、最高権力者は言葉にこだわらず、国民経済を守るため、君子豹変してもいいじゃないか」

と、ひとこと友情をもって直言するときが来たと思わざるを得なくなったのである。それでも彼は「風吹不動天辺月」（二〇〇二年十二月、小泉内閣メールマガジンに引用された禅の言葉＝風吹けども動ぜず天辺の月）と嘯《うそぶ》いて無視するかもしれないが……。

〈『文藝春秋』二〇〇三年三月号掲載〉

解説と補足

『文藝春秋』にこの論文を書いて二年余を経た。

小泉首相の「構造改革」は、とりあえず彼の不得意とする金融制度の改革から始まったが、これは財政・金融を担当する竹中平蔵氏に丸投げしたことで、党内や経済界から大きな反発を受けた。

きわめて現実主義的で、政策転換に巧みな竹中氏が、まず金融機関の税効果会計について、繰延べ税金資産の自己資本算入の限度圧縮という手法をただちに撤回した。次に、二〇〇三年のりそな銀行の実質国有化に際し、減資を実施しなかった。この二つのショック緩和政策によって、竹中パニックで大暴落した大手銀行株が高騰し、金融パニックをうまく切り抜けた。現時点（二〇〇五年十月）で、大手銀行株は、当時の五倍とか一〇倍以上に高騰し、金融不安はほぼ解消した。

その後の景気回復は、もっぱら民間企業の大規模なリストラと経営努力によるものであって、小泉構造改革の成果ということはできない。

小泉内閣発足の二日後には一万四〇〇〇円を超えた日経平均株価は、二〇〇二年十月の竹中ショックを受けて七〇〇〇円台まで下落したのを持ち直した。二〇〇五年の〝郵政解散〟の時点で一万二〇〇〇円台を上下し、その後米国の金利上昇を受け、一万三〇〇〇円を突破した。それでも、小泉政権発足直後の株価は回復していない。この株価上昇は、原油高で余剰となった世界のオイルマネーが日本の株式市場に流入したことや、一般的な世界の景気循環に動かされたためであって、日本政府の政策に誘導されたものではない。

閣僚・竹中平蔵氏は、参議院議員の職をも得て、今度は金融から郵政民営化担当大臣に任じられ、「小泉郵政改革」の担い手とされた。そして「構造改革」というかつての流行語は影をひそめ、単に「改革」と称されるようになった。

竹中氏は、政治家になってからかなり円熟してきており、党幹部とのネゴシエーションもきわめてタフであって、首相のスポークスマンとして一流の域に達している。何より行動的で、エネルギッシュで、政策説明が実に上手だ。問題視されてきた木村剛氏とも絶縁したそうだ。そのためか、木村氏にはもはや日本経済を動かす力はなく、自ら作った「日本振興銀行」は、内部でごたごたが続いている。

問題なのは、小泉首相のワンフレーズ・ポリティックス、劇場型政治というポピュリズム手法が一層拡大強化されたことである。

小泉一流の解散権による脅迫により、郵政改革関連法案は衆議院で僅差で可決されたが、解散の脅しのきかない参議院では自民党内の大量造反で否決された。

衆議院で可決した法案が、参議院で否決されたからといって、衆議院を懲罰的に解散するという手法は、二院制の議会制民主主義を否定した強権政治で、憲政の正道を踏みにじった邪道だと思う。また、衆議院自民党の法案反対派の全選挙区に〝刺客〟を立てるというやり方は、戦時昭和の大政翼賛政治に似た全体主義政治を思い起こさせる。

二〇〇五年夏の解散総選挙は、目前の財政再建、年金をはじめとする社会保障制度の持続性確保、対アジア外交などのはるかに優先度の高い政策を総選挙の論点から排除し、郵政改革の是非の一点にしぼって、シングル・イシュー選挙としてしまった。この手法も、政治宣伝技術の悪用ともいえる。これについては、次項に詳述する。

以上、否定的側面のみを述べたが、小泉首相の人民投票型政治手法と宣伝技術は天才的である。それだけに、独裁政治化の恐れもあるのだが、総選挙で圧勝した多数与党を背景に〝郵政〟後の政策上の重要課題である財政、社会保障、外交等をどのように処理していくかを見なければ、小泉政治の歴史的評価はできない。

将来、この小泉手法を真似た亜流政治家が出て失敗することを、むしろ私は恐れている。しかし、小泉首相自身は、解散後ある夕食会で私に対し、この種の解散は「将来二度と使えないだろう」と語っている。このような言葉を聞くと、彼には五年政権を確実にした一定の洞察力があったと言えないこともない。

二、指導力と政治宣伝の理論

※本編は、米ケネディ政権下の一九六〇年代初めに書いたものである。

デモクラシー理論の補強と改造

〝二十世紀の政治生活は一人の人間による支配に向かう傾向 tendency towards one-man rule によって特徴づけられる〟

と、雑誌『エンカウンター』（The Encounter）の一九六〇年十二月号に掲載された「英雄的指導力について」（原題〝On Heroic Leadership and the Dilemma of Strong Men and Weak People〟）を、ケネディ大統領のブレインとして知られるハーバード大学教授アーサー・シュレシンジャー・ジュニアは書き出している。〝ワンマン・ルール〟とは、何といやな響きを持った言葉だろうか。共産主義国家でさえ、個人の家父長的支配や指導者に対する個人崇拝が批判され、スターリン否定以来たとえ名目的にであれ、〝集団指導制〟

に向かおうとする傾向がある時、デモクラシーの本山であるアメリカで、その若い大統領の最高ブレインの一人が、今さらのようにこの言葉を使うとは……と、この論文を読んだ人は直感するかもしれない。東条の独裁とか、吉田ワンマンの専政とかを思い浮かべる人は、〝英雄的リーダーシップ〟といった新しい言葉に、古い時代への嫌悪感を重ね合わせたくなるとしても無理はない。ナチスの専売特許であった指導者原理は、すでに西欧デモクラシーによって抹殺されていたはずなのに、なぜ新しいアメリカの若い知性を代表すべき人物が、今さらワンマン支配への傾向を強調し、新しい英雄的指導者の待望論を書き始めたのか？

シュレシンジャーは、右の冒頭の言葉に続けて、控え目な語調ながら、さらに次のようにつけ加えている。

「……この傾向は阻止や逆行も経ているので、決してそれがシーザリズム Caesarism（専制政治）に向かって不可抗的に進行しているという説をなすものではない。にもかかわらず、英雄的指導者を頼りにすることは、十分検討すべきほどかなり一般的な現象になっている。」

シュレシンジャーは、若い強力な指導者、つまりケネディ登場のための理論的伏線を敷くために、英雄的指導力理論を持ち出したのだ――としないまでも、宇宙戦略時代に入った米ソ冷戦関係をみるとき、ソ連の強大な生産力と科学技術の力、それらの総合戦力を生み出す強力なリーダーシップを可能にする全体主義政治制度と対決しなければならぬアメリカが、その古いデモクラシー理論を補強改造し、武装しなければならぬという新しい要請は、むしろ必然であるともいえよう。

シュレシンジャーのロック批判

もっとも、古いデモクラシーの弱さと限界を克服し、新しい、かつ強いリーダーシップを発揮しようとした努力およびその成功の例は、かつてはほかならぬアメリカ自身の歴史において、われわれは知っている。大統領制の矛盾に苦しみ、政治的には自ら主唱した国際連盟につき、議会に反対されて加盟できなかったというにがい敗北を喫した大統領ウッドロウ・ウィルソンの例がある。一方、大統領の指導力を回復、ニュー・ディール政策で世界大恐慌を克服し、また第二次世界大戦参戦を決して、大統領四選を果したF・D・ルーズヴェルトの成功例もある。後者は政治機構の改革と、新政策断行のための勇気と決断と実行の記録であった。

しかし、古いデモクラシー理論を、政治哲学的立場からその扮飾をはぎとって、あからさまに反省・批判のうえ補強改造すべく提言したのは、シュレシンジャーがはじめてではなかろうか。それは新しいエリートの哲学であり、戦時的民主主義理論である以上の根本的な問題提起を含んでいる。では次にその論旨を要約してみよう。

まずシュレシンジャーは、かつては米国独立宣言の理論的支柱であったロック（John Locke）に始まる古典的民主主義理論の欠陥を指摘し、それがなぜ指導力を軽視または無視したかについて、次のような理由をあげる。すなわち、

①歴史上の理由＝デモクラシー理論が特定の個人の、神権 divine right に対する抵抗の中から生じたという歴史上の理由から、英雄的指導力がなくても、人民（ないし人民の多数）で十分であると強調した。

②イデオロギー上の理由＝平等と多数決主義 majoritarianism に依拠する伝統主義にとって、ある人々が指導すべきで、他の人々は服従すべきだというような指導力の強調は衝突する。

③道徳上の理由＝指導力の強調は、権力は腐敗するというデモクラシーの信念と対立する。

④感情的理由＝指導力の強調は、優秀な人物を嫉妬するような大衆民主的なはりつめた気持ちをいらだたせる。

そして彼は、これらの理由に重なって、ロック以後の指導力理論のほとんどがエリートの哲学と結びつき、多数者の全能を前提とするロックとは反対に、多数者の無能を前提としようとしたという事実、つまり指導力理論は、ロック的デモクラシーへの武装として反動家や革命家が使ったものだとみなされたという事実のために、デモクラシー理論の側からきわめて危険視されるに至ったという理由をあげる。

古典的デモクラシー理論とデモクラシーの実践との間には、明らかにくい違いがあり、実際上デモクラシーは英雄的指導者を受け入れ、かつレギュラリイに必要とし、要求し、作り出してきている。その理由として彼は、デモクラシーは機能上、また道徳上、強い指導力を必要とするのだと強調する。

機能上の必要性とは、次のような事実を意味する。政治権力を大衆に与える時、もし政治権力の分散という遠心的効果を埋め合わせるだけの指導力が起こらなければ、決定も目的も望みなく拡散してしまう危険がある。そこでデモクラシーは最初から、そのエネルギーと意欲を統一するために、強力な個人によって人民の志向するところの体現と明瞭化が必要となったのである。シュレシンジャーは、ジェファーソンでさえ「人間の中に自然の貴族がある」There is a natural aristocracy among men と書いていること（一八一三年のジョン・アダムスへの書簡）を引き合いに出している。

またデモクラシーが道徳上も強い指導力を必要とする理由として、シュレシンジャーは、古典的デモクラシー理論が歴史における個人の役割を軽視する結果、個人から自己の行動に対する責任を除くことによって、歴史から道徳の問題を除いてしまう歴史的決定論になるという点をあげている。つまり、目的の強固な、生き生きとしたデモクラシーは、選択の重要性を信ずること、個人の決断が出来事の成り行きに影響を与えるのだという確信に依拠している、というのだ。

英雄的指導力とは

さらにシュレシンジャーは、マックス・ウェーバーの権威の理論を痛烈に批判し、その理論の中には、民主主義的な指導力の問題がどこにも位置を与えられていないと攻撃している。

すなわち、有名なウェーバーの、権威の純粋なタイプの分類、つまり伝統的権威、カリスマ的権威、合法的権威のいずれによっても、民主的指導者の権威について証明することはできない。民主制下の指導者は、太古からの慣習による行為を繰り返す部族の族長のようにも行動せず、合理的で厳しい規制の世界に住む官僚のようにも行動せず、無条件の同意と服従を要求し、受け取るカリスマ的指導者のようにも行動しない。近代デモクラシーのリーダーシップの特徴について、マックス・ウェーバーの体系によっては何の説明もできない。ウェーバーの理論に従えば、個人の指導力自体が、官僚制の進行の中で次第に消滅して行くことになっている。ウェーバーの体系の中で、個人の自発性を代表したカリスマは、官僚制化との競争の中で敗退する。

このようにして、シュレシンジャーは、ロック以来の古典的民主主義理論から、最近ではマックス・ウェーバーの政治論に至るまで、そこには民主主義的なリーダーシップの理論が欠如しており、実際上はワシントンからチャーチルに至るまで、民主的な英雄的指導者の具体例を見ていながら、それをデモクラシー理論の中に体系づけることができないままでいる点を強調している。

「シーザリズムは強い政府が成功した場合よりも、弱い政府が失敗した場合に生ずることが多いということを認めるであろう。」

シュレシンジャー教授はこう論じて、この論文の末尾に、サーマン・アーノルドの次の言葉を挿入している。

「我々の知っているどの独裁制も、中央政府が真に困難な事態に直面した時に、権威を行使することをしなかったために、真空状態の中に空気が流れ込むように権力の中に流れ込んで行ったのである。」"Every dictatorship which we know flowed into power like air into a vacuum because the central government, in the face of a real difficulty, declined to exercise authority."

大衆とカリスマ的支配

第一次大戦後のドイツのワイマール・デモクラシーは、ベルサイユ条約による巨額の賠償支払いなどを原因とする異常なインフレがもたらした経済破局と社会不安によって崩壊し、ナチスの台頭となった。当時のドイツのブルジョア・デモクラシーが、理論的にも実際的にも、なぜあのようにもろく崩壊し、野獣的指導者原理に征服されてしまったかは、たしかにシュレシンジャーのいうように、「権力分散という遠心的な効果を相殺するべき指導者」がデモクラシーの内部で充足されなかったためであろう。

当時すでに、マックス・ウェーバーやロバート・ミヘルス（ドイツの社会学者、スイスのバーゼルおよびイタリアのトリノ大学教授）などが、社会集団の組織化の進展にともない、指導者デモクラシーの出現が避けられないことを指摘していた。とくにミヘルスは、当時の社会民主党の実態を研究して、デモクラシーと平等を主張する政党も、戦闘的政党 militant party としての必然的要請から、その内部で寡頭制化することを実証的に説明した。

しかし一般に、民主主義陣営の理論家たちは、依然として古典的デモクラシーの限界を守り、リーダーシップの問題に新しい観点から取り組もうとしなかった。たとえば、ハンス・ケルゼン（純粋法学を提唱したウィーン学派の創始者）によれば、デモクラシーの理念は「指導者の非存在」Führerlosigkeit にあり、ただその理念がただちに現実化しえないために、自由選挙による「指導者の選択」という形をとるものであった。すなわちデモクラシーにあっての指導者の存在は、必要悪としてようやく許されたのである。

古典的デモクラシー理論によっては、第一次大戦後の経済的・社会的不安、資本主義体制の危機、それに対するファシズムの攻撃に対して、デモクラシー自体を防御することはむずかしかった。その弱みにつけこんだのが、ヒトラー・ナチスであった。

一般に大きな社会的不安や経済的危機、戦争の恐怖などが起こったとき、大衆は非凡な能力と人格を持った指導者の権威的支配、つまりマックス・ウェーバーのカリスマ的支配を待望するようになる。チャーチル、アイゼンハウアーに対する英米国民の心情にも、カリスマ的権威に対するそれがなかったとはいえない。第一次大戦後のワイマール共和国が直面した経済的危機の中に登場したヒトラーは、このようなカリスマ的支配の待望に応じた最も極端な例にほかならない。

ナチスの学者、理論家たちがヒトラーの〝独裁〟に正統性を与えるために作り出したのが〝指導者原理〟だが、彼らは従来の〝独裁〟下の〝命令と服従〟という概念と区別して、〝指導と信従〟という関係を概念化した。ヒトラーは、「すべての指導者の、下に対する権威と上に対する責任」**Autorität jedes Führers nach unten und Verantwortlichkeit nach oben**（Hitler, "Mein Kampf"）という命題を作って、指導者の無条件的権威と被指導者の従順な信従とを絶対視し、一種の階級秩序を打ちたてた。

古典的デモクラシーの拒否した指導力を、ファシズムの指導力と対極する新しい民主主義的指導力としていかに回復するかというシュレシンジャー的問題提起は、今日の民主主義政治下での新しい指導力の位置づけにとって、今後も避けて通れない問題であり続けるだろう。

政党の発展と「独裁者」の登場

マックス・ウェーバーは、政党の発展段階として、貴族の従者集団、名望家政党、人民投票型政党の三つのタイプをあげている（西島芳二訳『職業としての政治』角川文庫、及び石尾芳久訳『国家社会学』法律文化社刊を参照）。

イギリスの初期の政党を見ると、一八三二年の選挙法改正までは、国王はじめ大貴族が無数の選挙区を私有して、官職授与権を持っていた。そしてある貴族がその所属政党を変えると、彼の従属者たちはその貴族と一緒に別の政党に移って行った。

貴族階級に対する新興勢力、すなわちブルジョアジーの勃興とともに、地方の名望家の政党 Honoratiorenpartei が生まれる。イギリスのいわゆるジェントルマン階級が、政治クラブを作るが、この段階では、政党は地方間の組織を持たず、相互の連絡は国会議員がとっていた。また、候補者は地域的名望家から選ばれ、政党の活動は選挙の時にだけ行われ、中央部以外には有給の職員がいなかったのである。政治は名望家の副業であり、大臣になり得る代議士の数も狭い範囲に限られ、議員候補者の数も限定されていた。

マックス・ウェーバーは、この名望家政党に対し、「今や政党組織の最近代的な形体が鋭く分離対立」して、「人民投票型政党」が生まれるという。その形体は「デモクラシーの子供であり、大衆の選挙権と大衆組織の必然性と、指導の最高の単一性と、もっとも厳格な紀律との発展から生まれた子供である。名望家の支配と議会人による指導とは停止し、議会外の職業的政治家がその経営を手中に収める」ことになる。

マックス・ウェーバーの述べるこのタイプの政党は、明らかにジャクソン以後のアメリカでの職業政治家勢力（Boss と Maschine）の台頭と、ドイツ社会民主党の誕生といった段階が考えられている。彼はこの段階を越えると「指導者は今や、マシーン Maschine が議会の頭数を飛び越えてもそれに服従するところのものになる。このようなマシーンを作ることは、人民投票的デモクラシーの発端を意味する」と断言する。そして職業政治家群が、彼らのかついだ指導者の勝利によって、官職その他の利益をその指導者から期待するようになり、やがてそこに「指導者の人格のデマゴーグ的な作用」が働き、指導者の「カリスマ的」要素が発現するという。

ウェーバーによれば、イギリスの政治史にも、アメリカにおけるよりは「生ぬるい形式に過ぎない」が、「政治における専制的・人民投票的要素 Cäsaristisch-Plebiszitäres

Element である選挙戦場の独裁者」が登場してくる。つまり一八六八年以来発達したコーカス・システム Caucus System は、選挙権の民主化のために生まれた組織だったが、これがやがて、「もはや議会人によっては指導されないマシーンとなり、それまでの権力者、院内幹事 Whip もこのマシーンの力の前に屈服する」。その結果、「全体の権力が少数のもの、最後には党の先頭に立つ一個人の手中に集中された」のであり、グラッドストーンがこの傾向を象徴する。すなわち「グラッドストーンの偉大なデマゴーグとしての魅惑と、彼の政治の倫理的内容と、とりわけ彼の人格の倫理的な性格とに対する大衆の確固たる信頼とが、このマシーンをしてあのように早く名望家に対する勝利へと導いた原因であった」のである。

そしてイギリスでは、二、三の主要閣僚をのぞいては、一般の議員は野次用の陣笠に過ぎず、ただ投票する義務のみを持ち、党を裏切ることはできない。従って「議会の上には事実上人民投票による独裁者が立っている。彼は〝機械〟の手を通して大衆をその背後に従える。彼にとっては、議員たちは彼の支配下に立つ単なる政治的受禄者 Politische Pfründner に過ぎない。」（以上は西島芳二氏の訳文にもとづく）

ナチを生んだ「大衆の感動性」の利用

マックス・ウェーバーの右のような思い切った政党の類型化が、実際の近代政党の発達を正確に説明するものとは言えないけれども、右の言葉が一九一九年六月に、ミュンヘン大学の学生の前で行った講演であるという時代的背景を考えれば、彼が「政党組織の最近代的形体」の中にひそむ危険を鋭く指摘したその意図は明らかである。

すなわち、政党が名望家支配の域を脱し、近代化するプロセスの中で、必然的に議会至上主義からはみ出て、大衆社会の時代に適応するために、指導者の大衆への直接的呼びかけ、つまり〝大衆操作〟が政治の主導的要素となり、従って指導者はデマゴーグ的色彩を強める。すなわち政治における専制的・人民投票的要素 Cäsaristisch-Plebiszitäres Element が生れる。——こうした認識の背景にはデマゴギーと独裁、やがて彼の国ドイツを破壊に追いやるヒトラー主義の登場という、巨大な危険への洞察がある（ウェーバーが世を去ったのは一九二〇年六月、ヒトラーがナチス党党首になったのはそのちょうど一年後の一九二一年六月、また首相の地位についたのは一九三三年一月のことである）。

ウェーバーによると、しかもこのような最近代型政党の指導者の選択にあたって、デマゴーグ的な演説の力が決定的な資格となる。その演説の方法が、「コブデン Cobden

（一八〇四〜六五）のように理性に訴える時代から、グラッドストーンのように、表面上は何の誇張もなく〝事実をして語らしめる〟技術家の時代を経て、現代に至っては、大衆を行動に駆り立てるために、往々純粋に感情的に、救世軍でも使用するような手段に訴える段階に変化して行った」。そのような状態をウェーバーは、「大衆の感動性を利用することにもとづく独裁」と名づけている。

まさしくヒトラーは、「大衆の感動性を利用」し、一九三三年総選挙で圧勝、直ちに全権委任法を成立させ、ナチ独裁を確立した。

ジャン＝マリー・ドムナックによると、最初の政治宣伝が現われたのは、フランス大革命からであるが、近代的な形式による政治宣伝は、ボルシェビズム、とくにレーニンとトロツキーによって創始された。ヒトラーは、「宣伝にかんするレーニン主義の思想をゆがめて、それを手あたりしだいの目的に無差別にやくだてる武器それ自体に化せしめた」（ドムナック『政治宣伝』小出峻訳、白水社刊）という。

つまり、レーニンにおける宣伝は、戦術上の目標であるが一応実際にめざす目標を示していた。たとえばレーニンが「土地と平和を」といえば、実際にそれは土地を分配し、平和条約を締結することだった。レーニン主義者のスローガンは、しばしば人間の本源的本能の刺激や神話の利用はあっても、なお合理性を持っていた。

しかし、ヒトラーに至ると、宣伝は、合理的な目的の軌道から完全に外れてしまって、ただ憎悪、強い力への憧憬、呪咀、血の興奮、条件反射など、群集心理をかきたてるに役立つあらゆるテクニックを使った、自己の権力を維持するための、大衆操作の純然たる手段と化す。ひとつのプロパガンダと他のプロパガンダの間には、何のつながりもなく、相互に矛盾していようともかまわなかった。

ヒトラーの大衆操作

ヒトラーにおける宣伝は、殺人、破壊、拷問……などが、いつか大衆にとって聖なる目的として映ずるようになるという催眠の術でさえあった。ナチスのシンボルであったハーケンクロイツ（カギ十字）は、最古の太陽神話に結びつけられたものだが、その形はヨーロッパ人が最も陰惨な生物として嫌うクモに似ており、ヒトラーは大衆がその奇怪な形から受ける強烈な印象を計算に入れてこのシンボルを選んだのである。そのほか、ヒトラーは制服、党歌、音楽、ラジオ、たいまつや照明灯、夜の効果、旗……といった手あたり次第の宣伝武器を使用して大衆を操った。

ドムナックは、「まさしくナチスは、恐怖と狂喜という神経生活の両極にあるものを次々にあやつることによって、ついには広汎な大衆の神経系統をかれらの意のままにするに至ったのである。…（中略）…最後までヒトラーに追随し、彼のために死んで行った人間のなかには、彼を嫌悪していたものが沢山いたことはたしかである。しかしヒトラーの宣伝の方法やリズムが彼らを文字どおり催眠術にかけ、骨抜きにしてしまった」と書いている（前掲書）。

そしてヒトラー自らもその『わが闘争』の中で、「宣伝を巧みに、継続的に行えば国民に天国を地獄と思わせることができ、また逆に地獄のような生活を天国と思わせることができる」と書いている。

このような、近代の政治宣伝の恐るべき効果が実際に世界的規模で実験されたのを見て来た我々にとって、その宣伝の持つ悪魔的性格の故に、宣伝が勝敗を決定するような政治の決定方法が、きわめて危険な方法として映ずるのは一応無理ないところである。

テレビ討論の功罪

一九六〇年のケネディ対ニクソン大統領戦で、とくにテレビ討論の世論に与えた影響力はきわめて甚大であった。消息通の間では、ニクソンがテレビ討論でケネディにひけをとった理由のひとつとして、そのメイキャップの失敗があげられていた。すなわち、ニクソンが表情の陰影を強めるためアイシャドウを濃くし過ぎたことが、大衆に与えたニクソンの印象を暗いものにしたというのである。ケネディ、ニクソンの一般投票での得票数の差はわずか一〇万票に過ぎなかった。右の分析がもし正しいとするならば、メイキャップの技法の如何が、勝敗を逆転したかもしれない——という仮説は必ずしもナンセンスとはいえないであろう。

少なくとも、マスコミの極度に発達した大衆社会の時代で、国民の直接投票によって最高の政治指導者を決定しようとするとき、候補者のかかげる政策内容よりも、候補者の演説の巧拙、声、容貌、ジェスチュア、エロキューションといった感性的要素が勝敗を支配する力を持つという傾向がないとはいえない。

わが国でも最近次第にそうした傾向が強まり、総選挙に際しての党首のテレビ討論などが採用されるに至った。各党とも進歩した宣伝の技術の採用と発明に懸命になっており、政治宣伝に投下する党費の額は加速度的に増加している。

〝毒薬〟にも〝良薬保健剤〟にもなり得る

さてこれまでは、大衆社会の時代における政治宣伝の持つ力とその意義について論じ、その否定的側面を、マックス・ウェーバー的な一種のペシミスティックな視点からとりあげてきた。ウェーバーの近代政治の分析は、一方では容赦のない官僚制の進行を、他方では、政党組織の最近代的形体としての人民投票型政党の出現を説き、近代政治の行方についてその暗い否定的側面からのみ説明している。

彼のこの悲観的分析からすれば、十九世紀的名望家的政党の行方はデマゴギーと独裁に色づけられ、専制的・人民投票型政党しかないことになる。それゆえ、シュレシンジャーによって、ウェーバーの理論こそ、現代のデモクラシー理論に甚大な害毒を与えたものとして非難されている。すなわちウェーバーの、民主的指導力を無視した〝権威〟の分析によって、今日のデモクラシー理論は本当の独裁制に対する防壁を薄膜のように弱いものにしてしまった、というのである。

ウェーバーのペシミズムの原因のひとつは、彼が近代の政治宣伝の意義を一面的にのみ評価したところにあると筆者は考える。たしかに近代的政治宣伝の技術的発達は、民主政治にとっての〝毒薬〟にもなり得る。

しかしそれは、用い方によっては、健康増進の〝良薬保健剤〟ともなり得るのである。その投薬の効果は、服薬する社会の政治的健康状態のいかんにかかっている。すなわち、政治宣伝という薬品の効力は、危機とか平和時とかいった政治環境、宣伝の対象となる大衆の知的水準、すなわち宣伝に対する判断力、および言論、出版の自由を規定する制度等によって自ら異なってくる。

政治的危機における宣伝は、デマゴギッシュになりやすい。また、大衆の知的水準が低い場合、過度な宣伝は危険である。

さらに、言論・出版の自由の制限された社会での宣伝は、独裁の兇器として否定の面を強める。こうした不健康な社会では、政治宣伝は毒薬の効果しかない。

ヒトラーは危機の時代に、言論の自由を圧殺して、しかも政治的水準の低い大衆のみを目標にして、その独特な宣伝力を行使した。ヒトラーは、宣伝は学識あるインテリなどを相手にするものではなく、教養の低い大衆にのみ向けるべきものであると説く。「大衆の受容能力は非常に限られており、理解力は小さいが、そのかわりに忘却力は大きい」ので、スローガンの反復が必要であり、しかもその宣伝は「絶対に——主観的——一方的」でなければならず、宣伝は「大衆に理論的な正しさを教えるために、真理を客観的に研究すべきではなく、断えず自己に役立つものでなければならない」とのべている（ヒトラー『わが闘争』平野一郎・高柳茂共訳、黎明書房刊）。

マスコミの発達と民主社会

しかし、安定した政治環境のもとで、大衆の政治的水準がある程度向上しており、マスコミ機関が完全に自由な状態にあれば、政治宣伝はそのプラス面、すなわち大衆の政治意識、政策知識、そして判断力の強化向上という啓蒙的効果をあげ、従って政治から金権的腐敗などの政策外の要素を追放するのに役立つ。すなわち健康な社会での政治宣伝は良薬である。

政治宣伝が教育的、啓蒙的効果を持つための最大の条件は、言論が完全な自由の状態におかれ、マスコミが各政党に平等に利用されることが保証されていることである。一九六〇年末の総選挙でわが国ではじめて採用された党首テレビ討論は、大衆の政治的啓蒙という教育的効果のみをみても、画期的に意義のあるものであった。

ジェイムス・ブライスは、その著書“The American Commonwealth”の中で、世論の発展段階を、

①支配者の意志に対する受動的、黙従的段階
②支配者の意志に対して批判的、攻撃的になった段階
③選挙における多数決の原則が政策を動かすようになった段階
④常に国民の意見が測られるようになった段階

の四段階に分けている。政治宣伝の肯定的効果は、このような世論の向上度に比例して現われる。

一般的にいい得ることは、完全に自由な言論の確保された社会にあっては、政治宣伝の活発化は、大衆の政治水準の向上に役立つということである。宣伝技術の高度の発達は、一応手段（宣伝技術）が目的（政策内容）以上に重視され、すぐれた政治技術家が、すぐれた政策思想の所有者よりも、政治力が強大となるという危険を思わしめる。

とはいえ、自由な言論の確保された民主社会では、宣伝技術の高度の発達は、マスコミの高度の発達を意味し、それは大衆の政治的水準の高度化に並行する。このような進歩は、たしかに政界の姿を変え、その体質を改善して行く。

たとえば、アメリカの前共和党全国委員長レオナード・W・ホールは、"How politics is changing"と題する論文を、「アメリカの政治ボス——選挙民をあやつり、その傀儡《かいらい》を

公職につかせ、社会改良家たちを軽蔑し、漫画家の好む材料となった問題の存在――は死んだ」と書き始めているが、そのボスの死滅した理由は、近代的マスコミの発達によると説いている。

一九二五年に、ホール自身が政界に入った頃、選挙で票をとるためには、目的の地域のボスと取引をすればよく、そうすれば一定数の票が確保できたという。その頃は、極端にいえば、この州は民主党、この州は共和党と、州ごとに〝地盤〟が決まっていた。しかし、近代的マスコミの発達の結果、そうした各州ごとの〝地盤〟は崩れ、いつの間にか〝ボス〟は消え去ってしまった。そのようにホールは述べている（"Politics U. S. A." edited by James M.Cannon P.106――中曽根康弘・渡邉恒雄共訳『政界入門――現代アメリカにおける政治技術』弘文堂刊）。

前近代的な薄明の政治の中には生命を維持し得た政治ボスも、近代的なマスコミの強烈な照射の前には、かげろうのように姿を消してしまう。そしてこの強烈な照射に耐えながら育成する指導的政治家は、古い型のボスや、狂暴な独裁者とは体質の異なった指導者となる可能性を持つ。

新しい宣伝の時代での新しい政治の可能性を評価することから、ウェーバー的ペシミズムの克服も可能になるのではあるまいか。

〈『党首と政党——そのリーダーシップの研究』（一九六一年、弘文堂刊）の序章「新しい指導力の理論」と終章「指導力理論の課題の（一）　宣伝の時代」から抜粋して再構成〉

解説と補足

寡頭制の鉄則

近代以後の文明国の政治家は、その政治理念、政策思想が問われることとともに、理念や政策を実現するための統治能力が求められるが、その統治能力には、その時代に応じた技術的な要素、たとえば雄弁、煽動的言辞、さらにはマスメディアを通ずるイメージづくりが重要となってきた。

現在（二〇〇五年）、小泉首相によってわれわれの目前で展開されている、テレビを多用した、大衆の感性にのみ訴えるワンフレーズ・ポリティックスは、現代デモクラシーの先端的な形態であろう。それは、ポピュリズム（大衆迎合政治）が必然的にもたらす弊害を発生させているように思われる。

こうした政治状況を見るなかで、デモクラシーの本源的形態と、その現代的過程に表われる政治体制の進歩と退廃の循環、さらにその変質を、考慮したいと思った。そのことも、このほぼ半世紀近く前に書いた古い私論を持ち出した理由である。

民主主義すなわちデモクラシーの語源は、ギリシャ語のデーモス（民衆）のクラティア（支配）に始まる。おそらく政治学史上、はじめて理論的にデモクラシーを研究したのはアリストテレスであろう。その師プラトンは「哲人王」や「法の支配」を説いたが、アリストテレスも著書『政治学（ポリティカ）』の中で、多数者の支配であるデモクラシーから現われる「悪い多数者の支配」の弊害を指摘している。そういう意味で、古来民主制は「衆愚政治」といわれることもあった。ローマで活躍したギリシャ人の歴史家、ポリュビオス（Polybios）は政体循環論を唱えたが、それは政体が君主制—専制—貴族制—寡頭制—民主制—衆愚制—君主制……と循環すると説いたものだ。ここで言う「君主制」は、原義としては「有徳者の単独支配体制」と書き換えてもよい。

統治と民衆の問題に関しては、本項のなかでロック、ウェーバー、シュレシンジャーなどの学説に基づき説明してきたが、近代のデモクラシーの先端的形態の中で、さまざまな弊害が露出してきたのも事実だ。フランス革命やロシア革命が暴力と殺戮の歴史であったり、ワイマール共和国の後に、ヒトラーの人民投票型独裁制が生まれたりした。現代でも人民民主主義という名の全体主義的専制政治や、イスラムの法学者による専政があって悩ましい。

近現代では直接民主制に代わって間接民主主義が是認され、欧州の先進諸国で活用されてきた議会制民主主義が主流となった。しかし、民主主義が、独裁制を排除するために、いくら間接民主主義という形を発展させたとしても、二十世紀前半に活躍したミヘルス（Robert Michels, 1876-1936）のいう「寡頭制の鉄則」が現われる。ウェーバーの〈政党の発展段階説〉や、ブライスの〈世論の発展段階説〉、シュレシンジャーによるワンマン・ルール論とウェーバー批判などを読んでいると、民衆に対する支配者（統治者）は、寡頭制の鉄則を脱することができないことがわかる。

少数者決定の仕組み

寡頭制の鉄則は、政治決定の会議の仕組みにも現われる。

私が三十歳ぐらいのころに書いた『派閥』という処女作がある。その改訂新書版の前書きにパーキンソンの法則を引用した。この法則に「非能率係数」というのがある。内閣膨張の法則という副題がついている。

それによると、内閣の閣僚の理想的定数は五人である。イギリスの国王の枢密院から転化した内閣も、初期は五人だった。首相、大蔵大臣、内務大臣、それに陸・海軍大臣である（はじめは第一大蔵卿が首相だった時期があった）。

「パーキンソンの法則」におもしろいことが書いてある。

「内閣の閣僚の理想的定数は五人であるにもかかわらず、実際にはその数はたちまち七ないし九に増加する。その中の二人は何もしないメンバーとなる。これは内閣膨張の第二段階。さらに、その定数は一〇から二〇へと増加する。これは内閣膨張の第三段階。この段階には、一般にそのメンバーは役立つからというのではなく、大部分は他の外部グループをなだめるため選ばれたにすぎない。そこで、内閣膨張の最終段階、これは二〇ないし二二になると、すべての閣僚は化学的、組織的な突然変異を起こす。こうなると、その定数は、もう三〇、四〇と増え、たとえ一〇〇〇を超しても同じことになる。この段階になると、会議はどうせ時間の浪費に過ぎないからだ。そして全員の会議の前に五人の重要メンバーが、あらかじめ打ち合わせして、大体の決定はすべてしてしまう。」（『派閥』の「まえがき」より）

これがパーキンソンの言う内閣膨張の法則だ。岸内閣の頃、自民党三役と総理大臣と官房長官の五者会談というのがあった。ここですべての最高決定をやっていた。そのとき内閣は二〇人を超えていたから、パーキンソンの法則での「内閣膨張の最終段階」が示すように、一〇〇〇人と同じ会議になってしまった。二〇人いたら秘密は一日も保たれない。

それから、党の総務会も戦前の政友会では一〇人だった。今は三〇人か四〇人か、数えるのもばかばかしいほど膨張している。一〇期一一年という総務会長の在任記録を持っている元総理・鈴木善幸さんに、総務会の運営をどうしたかを聞いたことがある。二泊三日でも三日でもいいからガス抜きをやらせることだ。二泊三日も会議を続ければみんなくたびれて、最後には、会長一任となる。それを待っていればいいという。最初から議論なんかしても意味はない。会議というのはおおむねそんなものだ。結局、三人ないし五人で最高決定はしている。

キッシンジャーの秘密主義

もっとシニカルで変わった寡頭制の鉄則についての論を、ここで紹介しておこう。

ニクソン時代、キッシンジャーが大統領補佐官や国務長官としてリーダーシップを発揮した。一九六八年に彼がカリフォルニア大学のセミナーに提出した「官僚機構と政策

決定」という論文がある。膨大な官僚機構について、こう書いてある。（佐藤信行氏の訳文による）

キッシンジャー博士と（論説委員長時代）

「官僚機構の管理は、きわめて多くのエネルギーを要し、しかもとりもなおさず、方針の変更の決定はきわめて難しいので、最も重要な決定の多くは、非官僚的手段によってなされる。中心的決定の幾つかは、きわめて小さなサークルに委ねられ、その一方で官僚機構は、決定が下されようとしている事実、あるいは特定の分野で決定が下されようとしている事実を知らずに、幸せに仕事を続けることになる。」

きわめて皮肉っぽい表現だ。

「決定を小さなグループに委ねるひとつの理

由は、…（中略）…不人気な決定は、報道機関や議会の委員会に対するリークといった、残酷な手段による抵抗にあうかも知れないということである。」
「かくして、秘密を守れる唯一の方法は、理論的には、決定の実施を委ねられているすべての人たちを、政策決定から排除することである。」

これはキッシンジャーが大統領補佐官になる直前に書いたもので、大統領の政策決定は、官僚にわからないように小さなサークルでこっそり決めろということだ。

アイク、ケネディ、ブッシュの場合

シュレシンジャーの英雄的指導力理論が、突出した趣を呈している理由の一つは、ケネディの前任者アイゼンハワー大統領の行政能力がやや弱体であって、〝影の大統領〟といわれるシャーマン・アダムス大統領補佐官（元ニュー・ハンプシャー州知事）が実権を握っていたことへの反省もあったのではないか。

アイゼンハワー大統領は、一九五二年の大統領選で、第二次大戦の英雄としての人気を利用しようとした共和党が、急遽ＮＡＴＯ最高司令官の地位から本国に引き戻し、出馬させた。大統領に当選後、軍司令官在任時代、参謀や前線指揮官にそうしたように、

アイクは閣僚や補佐官に権限の委譲をはかった。

彼は、長文の書類を読むのを好まず、アダムス補佐官に、「不必要な細かいことを大統領の耳に入らないようにする人物は、価値のある人物だ」と言ったことがある。また彼は、「大統領制下に首相」を作ることを構想していたと伝えられる。

その結果は、シャーマン・アダムス補佐官に権力が集中し、そのアダムスは、大統領任期途中、汚職疑惑で追放されてしまった（拙著『大統領と補佐官』日新報道出版部、一九七二年刊参照）。

このように、いささか権力行使に横着であった前大統領の跡を継いだケネディ大統領のブレインとして、シュレシンジャーは、強い大統領を作るために、〝英雄的指導力〟の理論を唱導したものと思われる。

キッシンジャーも、多分にロック的多数支配の理念に批判的であって、ニクソン大統領の下で、少数エリート支配体制をとった。

ブッシュ二世大統領のブレインの有力グループであるいわゆるネオコン派（neo-conservatives）のイデオローグたちも、醜聞で弱体化した民主党のクリントン大統領に対するアンチ・テーゼとしてか、ロック思想に反するホッブズ的絶対権力の単独支配思想に似た、ある種の専制に向かって進行しているように思える。

前述のシュレシンジャーの説明する英雄的指導力の理論が、今日の小泉純一郎氏の新タイプの独裁的政治に当てはめられるとは、私は思わない。むしろ、小泉政治には、デイヴィド・ロイド＝ジョージ的ポピュリズムを思わせるものがある。

小泉とロイド＝ジョージ

そこで、二〇〇五年夏の小泉首相による郵政解散の状況を振り返ってみたいと思う。

「二〇〇五年八月、小泉純一郎首相による衆議院解散から総選挙によって、日本は『劇場型政治』というよりも、さらに一段と激しい、大群衆が『剣闘士の戦い』に興奮の声を挙げる『コロセウム型政治』へと突入した。飛び交う『刺客』という言葉が、いみじくもこの選挙のなかに潜む『血生臭いドラマ』を浮き上がらせている。」

このややテレビ・ワイドショーの背景解説的な刺激的文章は、「宰相小泉が国民に与えた生贄」と題された、中西輝政・京都大学教授の筆になるものである。二〇〇五年十月号の『文藝春秋』の巻頭論文となった。

西欧政治史を専攻する中西教授が、この前文の後で書いていることは、一九一八年の英国首相ロイド＝ジョージの「クーポン選挙」と今度の小泉解散・総選挙との類似性についてである。

ロイド＝ジョージ以前の英国首相は、名門貴族出身か、貴族学校のイートン校を出てオックスフォードかケンブリッジの名門大学を卒業した者に限られていた。ロイド＝ジョージは、「最下層の労働者階級」出身であるだけでなく、小泉純一郎的な大衆人気を持ったポピュリストであり、煽動政治家であった。

彼は首相として、下院をほとんど無視し、戦時少数内閣を編成した。閣僚とその下僚の行政官に、非議員や実業家を多く登用した（河合秀和『イギリス政治史研究』岩波書店刊参照）。これは、小泉首相が、経済財政諮問会議をかくれみのにして、民間人を内閣中枢に起用したのに似ている。

ロイド＝ジョージの総選挙と、小泉首相の総選挙の類似点を挙げてみよう。

その一は、単一争点化である。ロイド＝ジョージは、選挙の争点を第一次世界大戦の敗戦国ドイツに対する強硬姿勢にしぼった。スローガンは、「カイゼル（ドイツ皇帝）を縛り首にしろ」であった。シングル・イシューである点、小泉首相の「郵政改革」の単一争点化と同じであった。

その二は、有名なロイド＝ジョージのクーポン選挙と、小泉首相の反対派非公認および刺客の送り込みである。ロイド＝ジョージは、自分の支持派には公認証を出し、反対派には公認証書を与えず、同じ自由党内を敵と味方に分けた。この公認証書を、第一次大戦中の食料の配給権（クーポン）になぞらえて、クーポン選挙と言われるようになった。これは、昭和戦時中の翼賛選挙での推薦候補と、非推薦候補にそっくりであった。東条内閣による「翼賛選挙」の結果の当選者は、推薦組三八一と圧倒的多数、非推薦組は八五の少数で、その中には、鳩山一郎、尾崎行雄、三木武吉らがいた。大野伴睦は、非推薦で落選している。

ロイド＝ジョージ連立政権（自由党と保守党）は、四七八議席を占めて大勝した。ロイド＝ジョージの前任首相アスキスも、反ロイド＝ジョージ派として落選してしまった。このときの野党勢力は、アスキス派自由党が二八、労働党が六三であった。今回の小泉連立政権の圧勝を思わせる。

その三は、日英両国の共通点として小選挙区制があることだ（日本は比例代表並立だが、効果はほとんど小選挙区制と同じ）。

小選挙区制は、与野党の勝敗に大差をつける。

小選挙区制選挙の最も極端な結果は、カナダでの一九九三年のキム・キャンベル首相（女性）の率いる進歩保守党による解散で、野党の自由党が大勝した結果、与党の進歩保守党はたった二一議席になり、キャンベル首相も落選してしまった。小選挙区制のある種の恐ろしさを示す典型である。

小泉首相に〝業績〟はあるのか

小泉首相は、「自民党をぶっこわす」と言ったが、結果的には、〝刺客選挙〟で新人が八三人も当選することで自民党を大勝させた。一方のロイド＝ジョージは、自由党を分裂させ、かつ自身、売勲、売爵事件や首相公邸での妻妾同居などのスキャンダルもあって、自由党から追い出されてしまった。

ちなみに、英国では、一九三一年の総選挙でマクドナルド内閣（保守・自由・国民労働三党連立）の与党が五五四と圧勝したが、この選挙でマクドナルド自身が労働党を分裂させた結果、マクドナルド派労働党は、わずか一三議席、野党派労働党も五二議席に激減した。ついでに書くと、この時ロイド＝ジョージ派自由党は四議席の泡沫政党になってしまっている。

マクドナルドの後、ボールドウィン、チェンバレン両内閣を継いだのはチャーチル首相だった。チャーチルは第二次大戦の英雄とされていた。しかし、大戦が勝利に終わり、得意満面であったまさにそのとき、一九四五年の総選挙で、労働党三九三、保守党二一三という大逆転で政権を失った。こうしてアトリー労働党内閣が誕生したのは、歴史の皮肉だといえよう。日本でもかつて、社会党の村山富市氏が自社さ連立内閣を作った後、社会党は大敗して、ほとんど消滅することになった例もある。

ロイド＝ジョージも、マクドナルドも、チャーチルもこのようにして自党の敗北で退陣したが、小泉首相の行方はどうなるのであろうか。それは歴史の審判を待つしかない。

中西輝政教授の分析と予言

前述のように、時代は完全に「テレビ・ポリティックス」時代の真っ只中にある。したがって、ロイド＝ジョージ型のポピュリズムに対する中西教授の指摘は、次のようにすさまじい。

「日本政治が三文役者の小芝居となって久しいが、いまや舞台は暗闇の劇場から、炎天下の格闘場へと移った。皇帝の命ずるままライオンとも闘った古代ローマの剣闘士たちのごとく、『刺客』と相手候補者は、どちらかが死に斃れるまで闘わねばならない。この残酷な血の味がする『見世物』に、観客席の国民は陶酔し、『（負け犬を）殺せ！ 殺せ！』と叫んでいる。…（中略）…今回（国民は、）『刺客』が跋扈する『小泉クーポン選挙』で、〝血の味〟まで覚え、ひたすら、もっと強い刺激を求めるようになるだろう。

小泉という調教師がライオンとしての国民に差し出した『生け贄』に、まんまと喰らいついてしまったともいえる。

この酩酊状態から醒めるには、時間がかかるだろう。国民一人一人が、無益な格闘劇にはもう飽き飽きだと思うまで、夥しい血が流され、死体が山積みになるだろう。」（前記『文藝春秋』論文より）

いささか、長々とした引用になってしまったが、私はまったく同じような感想を持っている。新聞記者でありながら、私はこの京大教授ほど鮮やかな描写をする能力がないので、引用させていただいた。

現代政治家は、テレビ政治時代になって、一層政治宣伝の技術を磨くことが求められている。ヒトラーは、大衆向け政治宣伝の予言者であった。彼は、大衆は愚かで忘れっぽいから、同じことを主観的、一方的に繰り返せと主張し、その著書『わが闘争』で次のように書いている（平野一郎・将積茂訳、角川文庫版）。

「宣伝におよそ学術的教授の多様性を与えようとすることは、誤りである。

大衆の受容能力は非常に限られており、理解力は小さいが、そのかわりに忘却力は大きい。この事実からすべて効果的な宣伝は、重点をうんと制限して…（中略）…継続的に行わなければならない。…（中略）…大衆は提供された素材を消化することも、記憶しておくこともできないからである。」

「民衆の圧倒的多数は、冷静な熟慮よりもむしろ感情的な感じで考え方や行動を決めるという女性的素質を持ち、女性的な態度をとる。

しかしこの感情は複雑でなく、非常に単純で閉鎖的である。…（中略）…肯定か否定か、愛か憎か、正か不正か、真か偽かであり、決して半分はそうで半分は違うとか、あるいは一部分はそうだがなどということはない。

宣伝は…（中略）…最も簡単な概念を何千回もくりかえすことだけ（である。）」

政治宣伝の悪魔の思想を書いた『わが闘争』を小泉首相が読んだかどうかは知らないが、ヒトラーが暮夜ひそかに小泉首相の夢枕に出て、このように囁いたなどと考えるのは、甚だ失礼なことになるのか、どうか。

ただ、小泉首相の生まれる前に書かれたこの書物の中で、ヒトラーは、ロイド＝ジョージの演説を大礼讃し、その演説内容が「精神的にも学問的にも価値が低く、そのうえ平凡なわかりきった結果を取扱っている」と妙なほめ方をしたうえで、ロイド＝ジョージの演説は「民衆を完全に自分の思うままに動かした」ことで、「天才」だとまで賞賛しているのである（角川文庫版『わが闘争』の下巻第六章「初期の闘争――演説の重要性」）。『わが闘争』は、当時約一千万部売れた超ベストセラーであるが、これほど大衆を侮辱した文書を発表しながら、ヒトラーはその大衆から熱狂的支持を得たのであるから、現代の大衆政治が、愚衆政治、専制政治と紙一重的な脆弱さを持つことは、記憶しておかねばなるまい。

ポピュリズム克服の方法

さて、現代の政治が「寡頭制の鉄則」に動かされて来たことは、否定できないことだが、マスメディア政治全盛時代のなか、どのようにして退廃したポピュリズムを克服できるのか。結局その役割は、現場の政治家や低俗化したメディアではなく、洗練され、かつ勇気を持った新聞記者、及び表現力が豊かで透徹した世界観を持つ学者といった強靭な知識人が、使命として背負うのではないか。

中西輝政教授は、大衆迎合の克服、つまり「ポスト・ポピュリズム」時代への発展条件として、次の四か条をあげている。

第一、政党が官僚に頼らず、政策を策定する能力を持つこと。
第二、指導者が高い言語能力を持つこと。
第三、（首相が）官僚機構を完全に統制する力を持つこと。
第四、国民全体が、テレビ・ポリティクスで選挙をお遊びにしすぎたことを反省し、「政治的真面目さ」を取り戻すこと。

第一と第三の条件は、キッシンジャーのところで述べたような、官僚を眠らせるほどの強力な政策決定能力を、政府のトップ（日本でいえば、首相官邸）が持つことである。たとえば小泉内閣で経済財政諮問会議を操縦した竹中平蔵氏は、自らキッシンジャー的指導力を発揮しようと努力したのだと思われる。

しかし、キッシンジャーの世界は大統領制の中にあり、日本のような議院内閣制のもとにある政治では、政党の中にも強力なシンク・タンク、もしくは高度な政策家の少数集団が必要であろう。

このような少数政策家集団はこれまでも存在したが、いわゆる〝族議員〟のリーダーの支配下にあって、世界観、国家観の乏しさが免れなかった。

　また小泉政治は、官僚統御という点でその努力は若干あったが、小泉首相自身が世界観と精緻な政策体系を欠き、多分に主観的で、かつ〝勘〟に頼る発作的行動が多く、官僚に優越した能力によって、官僚を支配したという証拠は見出し難い。

　さて、中西教授提案の第二の条件、「高い言語能力」についてだが、私見では、鳩山一郎、中曽根康弘、古くは板垣退助、大隈重信等にはあったとみられる。欲を言えば、彼ら以上の能力、たとえば福沢諭吉的言語能力を持った指導的政治家を現代日本に求めるしかない。

教養主義の復活を

　第四の条件は、不登校やニートの氾濫する現代日本で、国民に「政治的真面目さ」を取り戻させるのは、きわめて困難ではある。しかし、現状に満足していれば、民主政治は衆愚政治に逆行してしまう。この流れを止め、前進させるには、大正から昭和初年にかけて旺盛であった教養主義の復活、エリート間の知的競争強化の制度設計が必要であろうと思われる。

　没思想的、非人格的な〝ホリエモン〟的文化を否定し、高度の人格的知的エリートを育成するために、官庁や企業の採用条件を高度化することなどが必要となろう。一方で、低俗化するマスメディアの影響を防ぐために、新聞や教養書の購読を奨励しなければならない。その点で「活字文化振興法」が二〇〇五年に国会の全会一致で成立したのは朗報である。このほか、教育基本法の改正の必要性も忘れてはならない。

これらを通じて、世界観も国家観も哲学も生まれない低俗文化を拒否する装置の構築と、エリート集団の競争的教育の条件整備が肝要と思われる。

《付記》

本書脱稿後、アーサー・シュレシンジャーの新著『アメリカ大統領と戦争』（藤田文子・藤田博司訳、岩波書店刊）が新刊されたのを知った（シュレシンジャーの名は米語読みだが、この訳書では、ドイツ語圏の発音でシュレジンガーとしている。本人は〝公式の発音〟はなく、どちらでもよいと言っている。キッジンガー氏も **Kissinger** という自姓を米国に移民してから米語風にキッシンジャーと名乗り始めたのと似ている）。

一九一七年生まれのシュレシンジャーは、一九四五年出版の『ジャクソンの時代』により二十八歳でピューリッツァー賞（歴史部門）をとった。ケネディ大統領の特別補佐官をし、大統領が暗殺された後に『一〇〇〇日――ホワイト・ハウスのジョン・F・ケネディ』と題する一〇〇〇頁を越す大著を一九六五年に出版して、二度目のピューリッツァー賞（伝記部門）をとっている。

ケネディ大統領のために「英雄的指導力」の必要性を強調したシュレシンジャーは、今や八十七歳。民主党リベラル派の立場を一層強め、共和党保守派のブッシュ二世大統領とそのブレイン集団を厳しく攻撃して、かつての「英雄的指導力」論をどこかにしまいこんでしまったようでもある。

アメリカの「単独行動主義」の起源と歴史をひもときながら、「大統領は無謬ではない」として、「帝王的大統領」の誕生とその終焉を論じている。日本で、中曽根康弘氏の造語である「大統領型首相」の功罪が論じられているとき、この言葉は興味をそそる。

注目すべきは、この書で「コンピュータ革命」後の民主主義に未来はあるか……と設問し、次のように書いていることだ。

「コンピュータは抑制のきかない市場を地球規模の怪物に仕立て上げ、国境を粉砕し、…（中略）…国に自国の経済の将来を決めることを許さず、誰に対しても責任をとることなく、世界の政治を抜きにして世界経済を動かそうとしているのである。サイバースペースは国の手の届かないところにある。国際的な管理を行う機関もない。民主主義はいったいどこにあるというのだろうか。」

さらに、シュレシンジャーは、「現代の保守主義のディレンマ」についてこう警告している。

「保守主義者が信奉する制約なき市場は、保守主義者が公然と支持する価値、すなわち安定、道徳、家庭、共同体、仕事、規律、先憂後楽といった価値を損なう。あぶく銭のきらびやかさや強欲、短期収益主義、過剰な性的関心の悪用、安直な詐欺行為、早いもの勝ち、といったことはすべて、保守主義者の理念と相容れないはずのものである。」

この警告は、現在日本の政治、経済、社会的状況にそっくりあてはまると思う。

小泉―竹中ラインが「構造改革」と呼ぶ市場原理主義的思想には、日本の国際競争力強化のため、必然的に受容しなければならなかった通過点として評価できる面もあるが、この路線による規制緩和の美名を利用し、悪用するハゲタカ・ファンド・グループ、短期収益のみをはかる乗っ取り屋たちの跳梁は、ある種の経済的無政府主義、経済社会の無秩序化を推し進めている。それは結果として、善良な市民に耐え難い苦渋と害毒をもたらす可能性があり、政府による賢明で有効な規制が必要である。このことを日本の

「帝王型首相」にしかと認識してもらいたい。

シュレシンジャーの変身とは逆だが、小泉首相も、青年代議士時代の主張（小選挙区反対、首相の恣意的解散の反対、総務会の採決によらぬ党議決定への反対）を正反対に転換して、今度の〝帝王型首相〟的、独裁的解散を断行したのをみると、歴史は繰り返されると思わざるを得ない。

しかし、結果的に小泉戦略は、とりあえず成功した。その成功は、今後の郵政民営化の進行状況、及び残されたより大きな懸案である憲法改正、財政再建、破綻に瀕している年金等の社会保障制度改革について、その任期中に、どのような道筋をつけたうえで首相の座を去っていくかによって、後年の歴史的審判が下り、評価が定まることになるだろう。

第四章　プロ野球

一、二〇〇四年夏の騒動とは

好餌となった〝暴言〟

「たかが選手」というたった五文字が、この三か月余りに、あらゆるマスコミに登場した回数は、数えたことはないが、千回、いや一万回にもなっただろう。

この五文字の際限もない反復は、プロ野球界を分裂させ、選手ストを熱狂的に支持させ、「ナベツネ」を、あたかもサダム・フセインと並ぶ世紀の悪者にするために、絶大な効果をもたらした。

この種の失言（暴言）は、イエロー・ジャーナリズムの好餌となる。イエロー・ジャーナリズムというのは、大衆相手に煽情的、煽動的な記事を売り物にする新聞、雑誌等のことだ。その語源は、一八九〇年代のニューヨークで、新聞王といわれたピューリッツァーの『ワールド』紙と、同じく新聞王国を築いたハーストの『ジャーナル』紙が、ともにセンセーショナルな記事で、販売部数の激しい争いをしていた頃に始まる。

両紙が、黄色い服を着た少年を主人公とする漫画「イエロー・キッド」を一面に載せるために版権を争ったことが、「イエロー」の語源である。ハーストの『ジャーナル』は、当時の大統領マッキンリーを攻撃し、大統領を銃で殺すよう一面で煽動した。結果的にマッキンリー大統領は、無政府主義者に射殺されてしまった。

それはともかく、今回そのようなイエロー・ジャーナリズムだけでなく、朝日新聞及び朝日系の日刊スポーツ（ニッカン）までが、大衆煽動の先頭に立ったのは、珍しいことだ。

巨人軍、長嶋監督と

これまで、プロ野球、特に巨人関係記事を、意図的と思われるほど小さく取り上げていた朝日が、今回の球界再編問題浮上後、八月末までに、社説で五回、夕刊「素粒子」で九回、巨人のことを取り上げ、スポーツ面での今年七、八月のトップ級の巨人関係記事は二一回に達した。

「はめ取材」のテクニック

二〇〇四年七月八日夜、私は都内のパレスホテルのレストランで、読売の役員と一緒にかなり飲んでから、ホテル玄関で、恒例のことだが十数人の記者団に囲まれた。そこで、「たかが選手」失言が飛び出したのである。

その夜のパレスホテル玄関前での状況を、記者団の録音や取材記録に従って再現すると、次のようになる。

日刊スポーツ・S記者「明日、選手会と代表レベルの意見交換会があるんですけれども、古田選手会長が代表レベルだと話にならないんで、できれば、オーナー陣といずれ会いたいと（言っている）」

渡辺「無礼なことをいうな。分をわきまえないといかんよ。たかが選手が。たかが選手だって立派な選手もいるけどね。オーナーとね、対等に話をする協約上の根拠は一つもない」

調べてみると事実は、古田選手は「同僚のヤクルト・真中選手が『オーナーと話をしたい』と言っているが？」」と記者に聞かれて、「そうですね。でも、それは無理じゃないですか」と答えただけだった。私がスポーツ記者S君の質問に対し、反発した「古田発言」はもともと存在せず、虚構にすぎなかったことになる。

「たかが……」と言ったのは、酩酊していたとはいえ、まことに軽率だったが、すぐ気づいたから「立派な選手もいるけどね」と追加したのだが、後述する「はめ取材」を得意とする記者たちに、「たかが選手」は野獣に食いつかれた獲物の如くむさぼられ、「立派な選手」はゴミの如く捨てられてしまった。

野獣が獲物をとるワナの仕掛けについて、私は間もなくよく知らされることになった。それは、『週刊文春』（八月五日号）の《巨人「渡辺オーナー番記者」座談会》なる記事である。全文を再録したいほど面白く、大部分正確で、あまりにも写実的で、私自身が読んでも抱腹絶倒のエピソードが満載されている。以下はその一部。

A　渡辺オーナーはバケモノだよ。七十八歳で毎晩会食して酒飲むんだから。
D　酔ってないことがないですからね。
C　酔ってても質問に即答するのには驚くね。

（中略）

B　それで何か腹が立ったときはハイヤーの前で足を止め、まくし立てる……。

D　選手会長の古田（ヤクルト）を「たかが選手が……」とやったときとかね。

B　Pなら車寄せからエレベーターまで約二十メートル、Oでも四十メートルぐらいの距離で、時間は一分もない。そこで我々は彼が怒るような話題を振って暴言を吐くのを期待してるわけだ。（注・Pはパレスホテル、Oはホテルオークラを指す）

まさに、七月八日の夜、一分足らずの歩行を妨げられて、私は〝怒った〟し、瞬発的に〝暴言〟を吐き、彼らの〝期待〟を満たしてしまった。こういう取材のやり方を、この種の記者の間のいわば業界用語では「はめ取材」というそうだ。彼らは、私を「はめる」のに成功したし、私は「はめられた」ことになる。私の現役記者時代には、なかった手口だ。

古田選手は、私の発言を聞いた後、記者団に「私がオーナーに会いたいと言ったわけではない」と事実関係を説明したが、この発言はさほど報道されなかった。もちろん私が「立派な選手もいる」と付け加えた点は、ほとんど無視された。

センセーショナリズムの典型

それ以前にも、私はニッカンの「はめ取材」を受けたことがある。二〇〇三年十月三十一日の福岡でのオーナー会議の翌日、ホテル玄関から乗用車に乗るべくドアを開けた瞬間、ある記者が私に「ローズは欲しいですか」と聞いた。

近鉄のローズ外野手は、毎年四、五〇本のホームランを打つ著名な長打者であることは知っていたので、私ははめられているとは知らず、軽い気持ちで「欲しいね」と一言言った。もし「欲しくない」と言ったら、ローズ選手に失礼であり、またもし巨人フロントがこれから獲得しようとするものだとしたら、その邪魔をすることになるな……などと瞬間思いながら、たった四文字「欲しいね」とつぶやくように言ったのである。

その翌日のニッカンを見てぶったまげた。一面トップで、右側に「渡辺反則」、左側に「近鉄激怒」の大見出しが躍り、一ページを、私が反則行為をして近鉄首脳が激怒しているとする記事で埋めている。見出しとなった「反則」の二文字の大きさは、モノサシではかってみると、縦二〇センチ、横一五センチであって、まさにセンセーショナリズムの典型のような編集である。

私の「欲しいね」の一言は、タンパリング（事前交渉）であり、近鉄が私の反則行為に怒っているというのだが、その後も近鉄幹部が怒っていたなどという話は一切聞いていないし、私の一言を「反則」のタンパリングだと、まともに糾弾する声はどこからも出なかった。

ナンセンスな四文字のつぶやきで、一面トップ一ページをつぶすような新聞のことを、イエロー・ペーパーというのだ。こうしたマスコミの「ナベツネ・バッシング」をさらに加速させたのが、〝一場事件〟である。

一場事件とオーナー辞任の理由

私は、巨人軍が明大の一場投手に対し、何度か三〇万円単位くらいで「栄養費」と称する現金を提供していたことは、全く知らなかった。八月上旬、軽井沢で一〇日余の夏休みをとり、毎日ゴルフでストレス解消をはかっている最中に、少しずつ情報が知らされた。携帯電話でプレイ中にこういう話を聞かされるのは、あまり愉快なものではない。

私はクラブ片手に芝生を歩きながら、一場投手獲得の断念と、関係者を処分するという孤独な決断をした。仮借なく不正を追及してきた新聞の主筆として、自社の醜聞となったこの「栄養費」なるものは、金銭の多寡ではなく、責任者処分以外に思案の余地はなかった。かつ右翼団体に読売と巨人へ威嚇的動きがあるとの情報があったが、裏でもみ消すような姑息な手は論外であった（当方の対処が迅速だったためかは知らぬが、実際は即物的要求は一切なかったが）。

しかし、イエロー雑誌を含めて一般的にマスコミの報道は、「ナベツネがたかが二〇〇万円くらいで、オーナーを辞任するわけはない」というものだった。つまり、もっと大きな違法行為があったに違いないという論調だった。

事実は、二〇〇万円問題だけであって、オーナー辞任の理由はただ一つ、私がこの問題で、巨人軍の会長を辞任させ、社長、球団代表を解任したことである。この三人は、かつて私の政治部長時代の部下であり、その地位に任命したのも私だった。三人の腹心の部下に、家族もあるのに「辞任」「解任」というけじめをつけさせたのは、公的にはやむを得ないことであったが、私情としては耐えがたいところであった。そこで、私はオーナー辞任で三人の部下の苦悩を慰めたつもりだった。

スト突入の背景と目的

さてそこで、日本プロ野球史上初のストライキとなった今回の事件の背景と事実分析に筆を進めよう。

選手会の要求の核心は、当初、近鉄・オリックスの球団合併（正確には統合）反対にあった。東京地裁、高裁が判断した通り、球団統合の是非は経営者の判断に委ねられるべきであって、選手会がかりに労働組合であったにしても、統合そのものへの反対を理由としてストを行なう名分はない。

労組にとってストという行為は本来、当該企業の従業者の雇用と待遇を守るためのものである。ところが、選手会の要求はその後、「新規球団の参入を来季から認めよ」に変化した。経営権事項に一層踏み込んだのである。

ただ、球団統合はその進め方によっては、選手の雇用不安などの労働問題が生じる。雇用については、球団合併による選手の失業ということがあり得よう。二〇〇二年七月のオーナー会議で、野球協約第五十七条に、球団の合併、破産等に対する選手救済措置として、七〇名以内と定められた支配下選手に関し、「実行委員会およびオーナー会議の議決で定められた期間八〇人に拡大され、契約解除された選手を可能な限り救済するものとする」という項目をつけ加える改正が実行されている。これは、今回のようなケースに備えた雇用対策措置である。

近鉄・オリックスの合併により契約解除される選手は、FA資格者や戦力外通告者を除けば約六〇名である。八〇名への支配下選手枠拡大による救済可能選手は、一一球団で計一一〇名となるから、もともと雇用問題も存在しなかった。

選手会の仮処分申請に対し、地裁、高裁の両判決とも、近鉄・オリックスの合併阻止については、これを却下しているから、明らかに選手会の敗訴である。

選手会（石渡進介、山崎卓也の両選手会顧問弁護士と言ってもよい）が「勝った」と躍り上がったのは、高裁決定が、選手会を労働組合法上の労組と認めたことの一点のみである。オーナー会議は、選手が事業主として課税上の便益を得ており、かつ高額所得者中心であることから、〝労組〟と認めていなかった。裁判所によって労組と認定されたことは、とりあえず、選手会の収穫といえよう。

選手会の雇用不安は、一球団減なら協約上は発生しない。しかし、西武ライオンズオーナー・堤義明氏が、七月七日のオーナー会議に二六年ぶりに出席して、「もうワン・ペアの球団合併があり、一〇球団になれば、一リーグ制を考えて欲しい」とのサプライズ発言をした。これが、球界を分裂させ、スト突入の名分を選手会に与える引き金になった。

二球団減なら、理論的には一二〇名を超える契約解除が可能になり、協約第五十七条の二の「救済措置」が発動されてもなおかつ、雇用不安が発生する。かつ、球団側にとっては、二リーグ制維持か、一リーグ制に改編するかの論争のタネとなる。

石渡弁護士の不思議な行動

選手会内部には、スト決行についてかなり温度差があったことは知られているが、強力な牽引車が三〇歳そこそこの二人の弁護士であった。そこにいささかの不審事がある。最初に疑われたのは、石渡弁護士が、選手会を代理する弁護士でありながら、プロ野球への新規参入を目指したライブドアの「代理人弁護士」となり、ライブドアを代理して、近鉄球団買収に動いた点である。利益相反関係が生じるような弁護士業務をしていたことは、弁護士法違反とは言えなくても、うさんくささを感じる人が多かった。

ちなみに、ここに大阪地裁の、株主による近鉄・オリックス合併差し止め仮処分申請についての却下決定書がある。その中に、次のように明記されている。

「ライブドアは、平成十六年六月二十八日、代理人弁護士石渡進介を通じて、近鉄球団社長小林哲也に対し、ライブドアによる近鉄球団の買収を検討されたい旨電話で申し入れた。小林は口頭で上記申し入れを拒否した」

これは、前記石渡弁護士の選手会の代理人としての職務とは別個の怪行動を、証明する公的文書である。

今回の球団代表レベル対選手会長レベルの協議交渉委員会の出席者の多くから聞くところによれば、本物の選手側の発言はきわめて少なく、ほとんどが石渡、山崎弁護士の弁舌で時間が費やされたという。

元オリックス球団代表で、関西国際大学教授（スポーツ産業論）の井箆重慶《いのうしげよし》氏が、「スト決行されたのは、交渉に弁護士を介在させたからです。……大リーグでは、選手会よりも代理人のほうが権力を持つまでになってしまっており、同じ轍を踏む危険性がある」（「Yomiuri Weekly」十月十七日号）と警告している。

米メジャー（ＭＬＢ）では、選手会の弁護士や代理人が活躍するようになってから、選手の年俸が高騰し、経営にたえられなくなった球団が身売りすることが頻繁になったのは、歴史的事実である。

メジャーの礼賛は無知のためだ

このスト騒動の中で、いわゆるスポーツ評論家を先頭に、メディアの中で繰り返されたのは、日本のプロ野球の制度はMLBに比べて遅れており、メジャーの制度・慣習を取り入れるべし、とのメジャー礼賛論であった。それは著しい事実誤認や、無知、不勉強からきたものが多い。その典型的な例をいくつか挙げよう。

メジャー礼賛論の例・1「MLBでは、テレビ放映権をコミッショナーが管理し、放映権料を各球団に分配している。だから巨人戦の放映権料も、コミッショナーが取り上げて全球団に公平に分配せよ」

MLBでは、全国・広域放送については、四大ネットワークの一つFOXと、スポーツ専門チャンネルのESPN（ケーブルテレビで全米七七〇〇万世帯をカバー）の二つを主とする放送局が放映権を持ち、その放映権料は、ＭＬＢ直属のプロダクションに入り、三〇球団に山分けされる。

しかし、三〇球団もが年間合計二四三〇試合以上こなしているものを全国放送することとは、物理的にもできるわけはなく、実際はワールドシリーズと、それに先立つ優勝決定戦を中心に、一〇〇から一一〇試合が年間放送されているに過ぎない。最人気球団ヤンキース戦も、公式戦で今季全国生中継されたのは、たった六試合だけだ。日本でも、日本シリーズやオールスターの放映権料は、コミッショナー事務局に入り、同事務局及び、セ・パ両連盟の経費になる。すでに日米とも同じようなものになっている。

誤解のもとは、ＭＬＢではローカル放送については、各球団の収入となっており、米国のような面積が広く、球団の地域性の強いところでは、ローカル放送の収入がバカにならない、という放送メディアの日米間の大差を知らないことだ。

ヤンキースは、二〇〇三年に、地方テレビやラジオの放送権料七〇〇〇万ドル前後の収入があり、さらにヤンキース固有の全国規模の放映権料、ライセンス、スポンサー料が少なくとも三〇〇〇万ドル入り、合計一億ドルを超す入場料外の収入があった。最低のモントリオール・エクスポズは、五〇万ドルほどしかこうした収入がない。

また、米国は、ケーブルテレビの普及度が日本と比べケタ外れに高い。そして、ローカル放送の主流はケーブルテレビである。

巨人軍の地上波放映権料を全額収奪して、これを各球団に再分配せよ、という主張などは、スターリン・毛沢東体制下の社会主義統制経済をとる独裁国家ならともかく、日本では市場経済の完全な否定であり、独禁法違反になる競争制限であり、かつ憲法の定める財産権の否定にもなろう。

メジャーは球団削減を決定

メジャー礼賛論の例・2「MLBはエクスパンション（球団数の拡大）でのびてきたのであり、日本プロ野球組織（NPB）は、球団数を増やすべきだ」

これも、大変な事実誤認である。

MLBのナショナル・リーグが誕生したのは一八七六年、アメリカン・リーグが発足し、メジャーの二リーグ制が確立したのは、一九〇〇年のことだった。一九五〇年代までは、各八球団であったが、六〇年代からエクスパンションが始まり、一九九三年に二八球団となったところで、二リーグ制の運営が困難になった。日本の二六倍の面積のある米国では、試合のための移動には大変なコストがかかる。そこで、九四年から両リーグは東・中・西の三地区に分けることとなり、実質は六リーグでリーグ戦を展開することになった。

その後、アリゾナ・ダイヤモンドバックス、タンパベイ・デビルレイズの二球団が新規参入し、ナ・リーグ一六球団、ア・リーグ一四球団の三〇球団になった。ここで、地区別球団数の不均衡が生じた。四地区が五球団制で、六球団と四球団の〝リーグ〟が各一地区できてしまった。プレイオフや交流試合制度を取り入れざるを得なくなったのは必然である。交流試合が導入されたのは、一九九七年だ。

二〇〇一年にバド・セリグ・コミッショナーが連邦議会の下院司法委員会に証人喚問された時に提出した財務報告書によると、三〇球団のうち、黒字が一一球団で、一九球団が赤字であった。金持ち球団から貧乏球団に補助金を回す、というMLBの収益分配制度によっても、赤字球団が過半を占める。

三〇球団の収支を通算すると、二億三〇〇〇万ドル超の赤字であり、それまでの七年間の赤字の総計は、一四億ドル（一八〇〇億円余）であった。これを見た下院議員たちは、愕然としたという（『メジャー野球の経営学』大坪正則・集英社新書）。

セリグ・コミッショナーと大多数のオーナーは、赤字対策は球団数の縮小しかないと考え、一時四球団の削減を考えたが、当面、入場者が一日平均七〇〇〇人前後しかない不人気球団二球団を削減させようということになった。ミネソタ・ツインズとモントリオール・エクスポズの二球団をつぶすことが、二〇〇一年にオーナー会議で二八対二の圧倒的多数で可決されている。反対の二票は、消滅候補とされたエクスポズとツインズだった。

こういう時は、日頃球場に行かず、球団のために金も出さない地元ファンや政治家の決起、いわゆる世論の反対に火がつくものだ。

選手会はもとより、ミネソタ州選出上下両院議員の超党派的反対や、州裁判所で球団廃止差し止めの仮処分が認められたこともあって、MLBはツインズを、当面二〇〇六年まで延命させることで選手会と合意した。エクスポズは、二九球団が金を出し合ってオーナーから買い取り、コミッショナー預かりになったままだったが、去る九月末にようやく、来季より首都ワシントンの企業に身売りすることが決定した。

いずれにせよ、コミッショナーやオーナー会議がいったん球団削減を決めざるを得なかったことは、MLBのエクスパンションが失敗したことを明白に物語る。

コミッショナー権力のウソ

メジャー礼賛論の例・3「加盟料は廃止せよ」

日本のプロ野球史を見れば、創立一年で身売りしてしまった日拓ホームフライヤーズや、三年しかもたなかった高橋ユニオンズの例がある。また、中村長芳氏（元岸信介首相秘書官）のやったネーミング売買で西鉄ライオンズが、「太平洋クラブ・ライオンズ」とか「クラウンライター・ライオンズ」などと転々と球団名が変わったこともある。

そのような短期転売からプロ野球を守るため、NPBは、新参加球団には六〇億円、既存球団の譲渡等には三〇億円という加盟料・参加料制度を作ったのである。

これに対し、今回のスト騒ぎ中、この加盟料は独禁法違反だから廃止せよとの要求が一部の国会議員から出た。

メジャーにくわしい山梨学院大学教授の太田眞一氏の『メジャーリーグ・ビジネス大研究』（太陽企画出版刊）によると、フロリダ・マーリンズがメジャー入りしたときの加盟料は九九〇〇万ドル、アリゾナ・ダイヤモンドバックスの加盟料は、約一億ドルだったとされている。

ダイヤモンドバックスは、一九九八年に加入、二〇〇一年のワールドシリーズでヤンキースを破って一躍人気球団になった。しかし、ワールドシリーズ優勝のための選手年俸の増額、その後の観客激減などで、巨額の赤字を抱え、新規参入後六年もたたぬうちに、二〇〇四年、ある新興ＩＴ企業に身売りされた。

メジャー礼賛論の例・4「米コミッショナーの権力は絶大」

今回の日本のプロ野球ストは、二日間で終わったが、ＭＬＢとメジャー選手会は、ストとロックアウトの繰り返しを経験してきた。

とくに、一九九四年八月から翌年三月にかけてのストは二三二日間に及び、九四年のワールドシリーズは中止になった。コミッショナーに代わってクリントン大統領が調停に乗り出したが、失敗した。このストで、一般のアメリカの野球ファンは「ビリオネア（億万長者）とミリオネア（百万長者）の喧嘩だ」と憤慨し、野球人気が一気に落ち込んだ。このため、観客数は全球団平均で二〇パーセントも減少した。MLBストは、労使双方に大損害を与えた。

MLBのコミッショナーの権力は、日本に比べ絶大なものがあるとの話もウソである。一九九二年、ときのコミッショナー、フェイ・ビンセントは、エクスパンションに伴う球団の地区偏在の是正措置として、シカゴ・カブスを東地区から西地区に移そうとして、オーナーたちの反撃を受けた。その結果、オーナー会議で一八対九（棄権一）でコミッショナー不信任案を可決してしまった。その後、六年間にわたりMLBはコミッショナー不在となり、現在のセリグ・コミッショナーが九二年から九八年までコミッショナー代行となった。正式にコミッショナーに就任できたのは、一九九八年七月になってからだ。セリグ氏は、元ミルウォーキー・ブリュワーズ球団のオーナーであった。

セリグ氏は代行時代、ストによる人気低落の挽回策として、交流試合や二リーグの各三地区制によるプレイオフを導入した。その後は球団削減に取り組み、選手会や政界を含む各方面からの反対運動に苦しんでいるが、その任期は二〇〇六年まで三年延長されることが、オーナー会議の全会一致で可決されている。それは、球団削減案等で政界、選手会のバッシングを受けたセリグ氏を、オーナー会議が堅く守ろうという意志の表明だ。

さらに去る八月のオーナー会議で二〇〇九年まで延長されたが、これはＭＬＢ念願のスーパー・ワールドカップ実現のためと思われる。一方、ナ・リーグ会長が一九九九年に、ア・リーグ会長も翌年初めに辞任して、後任が選任されず、両リーグは形式的存在となり、運営上、大リーグ機構直轄として統合されてしまった。

独禁法か、労働法か

さて、いよいよ選手会の問題である。

一体、選手は、球団と請負契約を結ぶ事業主なのか、球団と雇用契約を結ぶ労働者であるのか。

選手は、納税の際は事業主として扱われている。税法上は事業主であり、労働法上は労働者である——というこの法律上の二重性格をマルクス的に表現すると、選手はブルジョアなのかプロレタリアなのか、という定義の問題にもなろう。

ここで再び、MLBの例を見てみよう。MLBでは、一九七二年に一三日間にわたる最初のストライキ（年金問題）が決行され、七三年にはオーナー側が一七日間のロックアウトを断行した。七六年にも、オーナー側は、一七日間のロックアウトをしたが、コミッショナーの介入で解除した末、選手会はFA制度の採用という大きな収穫を得ている。

しかし、このFA制度に伴う補償問題で、八〇年代に入るや労使対立が起き、ストとロックアウトが繰り返され、八一年には、五〇日間のストにより、七一二試合が中止された。

八五年には、オーナー側がサラリー・キャップ制と呼ばれる年俸総額の制限を提案、二日間のストが決行された。この問題をめぐる紛争は拡大されて、九〇年にオーナー側が、三二日間のロックアウトを断行した後、九四年の二三二日間にわたる史上最長ストに入る。

もともと、MLB内での紛争は、しばしば裁判所に持ち込まれた。これらの裁判の多くが、労働法ではなく独禁法違反を争うものであったのが、米国の特徴だ。

最初の訴訟は、一九一六年に起こされた。これは、大リーグに対抗するフェデラル・

リーグのあるオーナーの提訴で、原告は下級審で勝訴したものの、一九二二年の連邦最高裁は、「野球は商業、取引と言えず、生産活動でもなく、州をまたがる事業でもない」という理由で、「独禁法（反トラスト法＝シャーマン法）の適用を除外される」と判決した（フェデラル・リーグ事件）。この判決のおかげで判例法主義の米国では、「先例拘束の原理」に従って、長くプロ野球は独禁法の適用対象から除外されることになった。

その後、ヤンキース傘下のマイナーリーグ選手、ジョージ・トゥールソンが、球団が選手の移籍を拘束して保有する「保留制度」を、独禁法違反として訴えたが敗訴した（一九五三年、トゥールソン事件）。

こうした中でも画期的な事件は、セントルイス・カージナルスのカート・フラッド選手の起こした訴訟だ。フラッド選手は、一九六九年十二月、三十一歳のとき、突然フィラデルフィア・フィリーズへのトレードの通告を受けた。オールスター出場三回のスター選手だったカート・フラッドは「長年にわたり、セントルイスに生活基盤を築いており、突然フィラデルフィアに行かされることは、自由意志を持たず売買される商品となり、市民の権利が侵される」と主張した。保留権の譲渡としてのトレードは、独禁法違反になるというのが訴訟の焦点だった。

しかし、法廷ではまたも、プロ野球は独禁法の適用対象から除外されるという判例のために、フラッドが敗訴した。フラッドは一シーズンを棒にふり、翌年フィリーズへ形式的に移籍してただちにセネタースへ再移籍したが、開幕後、打率二割とふるわず引退に追い込まれた。

が、フラッドの悲劇に対する同情は、七六年のFA制度導入を実現し、さらに二十余年を経た一九九八年十月二十七日、再び彼の名はよみがえった。クリントン大統領が、大リーグの独禁法適用除外特例を一部外す「カート・フラッド法案」に署名することとなったからだ。この法案は、九五年に九対八の小差により上院司法委員会で可決された後、フラッド選手への同情をこめて、「カート・フラッド法」と名づけられたのである。

カート・フラッド法によって、メジャー選手の契約、雇用慣行は、はじめて独禁法の適用対象となったが、球団の移転、廃止を含むフランチャイズ制度や、マイナー選手契約、ドラフト制度等については、なお独禁法の適用除外のままとなっている。

しかしMLBの選手会が、労働法上の権利によってでなく、独禁法に基づく提訴権を得ることで権利を拡大してきたことは、今回の日本のプロ野球争議より、いささか頭脳的だったといえないか。

これを明確にしたのが、ＮＦＬ（米フットボール連盟）のケースだ。ＮＦＬは、一九八七年のストライキが失敗に終わった後、選手会が団体交渉権やスト権を放棄した上で、次々に独禁法訴訟を起こして、勝訴することで移籍の自由を拡大するという実績を残した。

文化的公共財としてのプロ野球

ひるがえって日本の法律を厳密に読めば、ドラフト制度は、独禁法三条及び八条一項一号違反となる「買い手のカルテル」に該当し、統一契約書は、同法八条一項四号の「事業者団体による事業者の機能・活動制限」にあたる。

公正取引委員会が、これまでプロ野球協約について、このような解釈を厳格に適用することがなかったのは、プロ野球というスポーツは最大の人気を持つ国民的娯楽であり、社会の文化的公共財（野球協約第三条）であるから、独禁法のメスを入れるのは妥当性を欠く、とみてきたからだろう。過去に国会で公取委員会が「ドラフト制度は独禁法違反にならない」と答弁した経緯もあり、現在の公取委員会も、容易にはこの答弁を変更しないだろうと思われる。

MLBは、NPBと違い、統一契約書で、選手契約が雇用契約であることを明文をもって認めているにもかかわらず、選手会は自らの事業者性を強調して、MLBを独禁法の適用対象にさせようとの努力を重ね、結果的に待遇改善を獲得してきた。MLB選手会は、「選手の権利を強化するための最強の武器は、労働法ではなく独禁法である」と認識してきたのである。

そうした法律解釈論は、わがプロ野球選手会のリーダーたちの頭にはなく、つまり、今度のストを、企業合併反対という商法次元のものにした。当然のこと、裁判所に対する合併差し止めの仮処分申請は却下されてしまった。

とはいえ、二人の弁護士の作戦であったのだろうが、横暴なオーナー連と、真面目で純情な（事実、古田君は純情にもテレビカメラの前で泣いたのである）選手会との戦いという感情論の図式に、世論を誘導するのに成功した。

たしかに、この作戦の成功が、不磨の憲法よりも改正が難しかった野球協約の抜本改正の機運を醸成するのに役立ったのは、否定できない。協約は穴だらけなのに、四分の三の賛成がないと改正が成立しないという点で改憲以上に困難であった。ところが、今度のストで、球団、選手の双方とも、あっという間に協約改正論者に変身してしまった。プロ野球が文化的公共財として、法的に認められてきた証左には、独禁法の適用除外の他に、税法上の優遇措置がある。

昭和二十九年の「職業野球団に対して支出した広告宣伝費の取り扱いについて」と題する国税庁通達で、球団の赤字補塡は、親会社の宣伝広告費として損金算入できる優遇措置が定められた。

この通達は、球団経営が赤字となる必然性を認めてのことと思う。事実、巨人軍も創立以来二三年間赤字であったし、久万《くま》俊二郎オーナーによれば、阪神も六〇年近く赤字を続けたのである。そうした投資がなければ、球団経営は成り立たないので、もともと売名や、短期投資と転売のために作られる球団は成功するはずがないのである。

最近のMLBの不健全な傾向は、球団保有に対する投機的性格が強まっていることである。

二〇〇〇年以後、メジャー三〇球団のうち、一〇球団でオーナーの変動があった。

極端な例をあげよう。エクスポズのオーナー、ジェフリー・ローリア氏は、経営難を理由にMLBにエクスポズを一億二〇〇〇万ドルで売却した金で、後にフロリダ・マーリンズ球団を一億五八五〇万ドルで、ジョン・ヘンリー氏から買い取った。ヘンリー氏は、仲間の出資金を得て、ボストン・レッドソックス球団と、その球場及び周辺のニュー・イングランドの地方テレビ局を七億ドルで買収した。ＭＬＢ協約は、個人や同一企業による複数球団の株の所有を禁止しているので、こんなややこしい三球団間の買収劇が展開されるのだが、こんなやり方を今の日本プロ野球界といわゆる世論が許すだろうか。

最近のＭＬＢの球団買収者は、企業より個人が増加し、それも不動産投資業、コンピューター・ソフト業、高速道路沿線の広告看板業、美術商などと多彩な成金経営者たちであるが、球団売買が投機的になっていることは否めない。

三〇球団共存共栄のためとして発案された「収益分配制度」は各球団が収益の三四パーセントをＭＬＢに供出して、三〇球団に均等再配分したり、全国放映権料の一部を再配分したりするものである。こうした収益の再分配によって、ＭＬＢの弱小球団は大都市の富裕球団から、今年三億ドルをもらえることになっている。このような社会主義的再分配によっても、なおＭＬＢの財務健全化は果たせず、球団売買ドラマはさらに続くであろう。ＭＬＢの体力の衰弱した球団を狙って、ハゲタカは舞っている。日本でも同様なことが起こり始めるのではないか。

今回のスト騒動で展開された論議は、このようなプロ野球制度の本質的問題の解決に挑戦したものではなかった。

根来コミッショナーが「野球は感情が優先する世界だというのが見抜けなかった」と語ったのは至言であって、制度の法理論も、協約の解釈及び協約条項の適否論も、ストをめぐる善玉・悪玉論を前にして、踏み込んだ議論をせず、おざなりのまま残された。

三軍チームを作り、底辺の拡大を

最後に、日本のプロ野球を発展させるための改革案を提案したい。

NPB一二球団傘下に、地方の球場を本拠地とする「三軍」を新設し、プロ野球選手人口を倍増させる。三軍は米メジャー傘下のマイナーのようなものだ。現在、一、二軍間で選手の入れ替えが頻繁だが、三軍が一、二軍に昇格するには、一二球団間のドラフトにかけるか、一定条件下でドラフトによらず昇格できるか、は未定とする。つまり一二球団は、傘下に第三軍を育成組織として保有できるが、一、二軍への昇格については、NPB内で今後議論する。新三軍は、一軍、二軍を米メジャーとすれば、マイナーに該当するものとする。

米メジャーとマイナーの間で、昇格問題をめぐり何度か紛争があり、マイナー選手の昇格のさい、ドラフトにかけるか否かも争点になった。

ＭＬＢでは一九六二年から、各球団が五球団以上のマイナーチームを持つことを義務付けられた。各球団傘下に３Ａ、２Ａ、１Ａ、ルーキーリーグがあり、ＭＬＢ傘下にない独立リーグもある。マイナーチームは原則、独立採算だが、企業努力で人気もあり、黒字になっているものも少なくない。

現在一二球団の本拠地球場の他に、一万五〇〇〇人以上を収容できる球場が、日本全国に二〇以上ある。一二球団がそのような球場を本拠地とする三軍チームを作り、監督、コーチは、一、二軍現役もしくはＯＢから親球団負担で派遣する。

既存球団が三軍組織を保有することは、人材育成源としてのメリットもあるが、費用負担面で反対する球団もあろう。その対策として、一軍の年俸減額制限（一億円超三〇パーセント、一億円以下二五パーセント）を五〇パーセント以上に緩和すれば、億単位のカネが浮く。最低年俸制限（四四〇万円）は、三軍については引き下げる。

さらに地元有力企業の協賛を得て、ネーミングを売る。ただし、球団名は一軍名のままとする。架空の想定だが、「宮崎・旭化成・ジャイアンツ」といったように。廃止された社会人野球の選手など、アマ選手を親球団と別個に採用し、人件費負担を下げる。

以上で、各球団の負担を軽くし、同時に各地域での三軍戦を地元のマスコミの協力を得て宣伝し、興行収益の確保をはかる。三軍組織も二リーグ制がよかろう。

三軍選手は、米マイナー選手のように初めは新入社員並みの薄給でも、二軍、一軍と昇格し、スーパースターになる夢を持たせることが肝腎だ。こうして野球の底辺を拡大させることは、将来の日本プロ野球の繁栄に役立つと思う。

マイナーの選手は、メジャーに比べるときわめて薄給で、1Aの最低報酬は月給一〇万円くらいだというが、これらの選手は、いずれはメジャーに昇格し、ビリオネア選手になることを夢みて、厳しい修業を積んでいる。

長嶋一茂君も、ヤクルト時代、武者修業のつもりで、ロサンゼルス・ドジャース傘下でフロリダにあるマイナー球団でプレイしたことがあるが、毎日の食事代が一五ドルしかもらえず、三食ハンバーガーで過ごしたそうである。

こうした抜本的改革の話なら、いまや球界を離れた私は、古田選手と直接話し合いたいものだ、と思っている。その時、古田君が「たかがやめたオーナーとは会いたくない」

と言わないことを期待する。

《付記》

本稿脱稿直後、〝一場事件〟が阪神、横浜に飛び火した結果、久万、砂原幸雄の両オーナーが辞任されることになった。私は、言論機関の最高責任者であったから、社会的、倫理的責任は、お二人より重かった。また、本文中に書いた私情もあって辞任したのであって、とくに最長老の久万オーナーは、通常の民間企業の経営者であり、スカウト現場の些事については知る由もなく、指示したものでもなかったのだから、私のケースを「先例」として辞任する必要はなかった。その点、「先例」を作ったことについて、お二人に申し訳なかった。

また、僅少な「栄養費」問題から、ドラフトの完全ウェーバー採用論が噴き出し、これが天下の正論になる恐れがある。これには次のような疑問があり、軽々に飛びつくべきではないと思う。

▽目下、日米間にはドラフトの対象となるアマチュア選手に関する有効な協定がないから、ＭＬＢは日本の優秀な新人を、日本のドラフトを経由せずに次々に奪取し、メジ

ャーへの流出現象が止まらなくなる。選手の逆指名を禁止する完全ウェーバーは、この流れを加速させる。

▽ドラフトで、希望しない球団への入団を強制された優秀新人選手（とくに高校生）は、大学進学や社会人入り等で一定期間待機して、次のドラフトを待つケースが増え、完全ウェーバーは骨抜きとなる。

▽完全ウェーバーは、職業選択の自由という憲法二十二条論議を再燃させる。なぜドラフトに、くじ引きや逆指名ができたか――の歴史を再考せねばならない。またドラフトやトレードの協約上の根拠は、球団の〝選手保留権〟の思想にある。これは、戦前の日本にあった〝年季奉公〟的な人身の拘束に似ており、憲法上の人権概念と関わるものであろう。

▽極端な話だが、完全ウェーバー・ドラフトの下でシーズン終盤にBクラスが確定した球団が故意に最下位となり、同年末のドラフトで最優秀新人を獲得する作戦をとり得る。

▽国内野球市場での〝戦力均衡主義〟は、規制緩和、市場原理の尊重という時代の流れに逆行し、球団戦力の強化努力を怠らせることによって、国際競争力を失わせ、プロ

野球国際化の波を無視することになる。結果、ＭＬＢの世界制覇を利する。
▽もし、ドラフトの完全ウェーバーを強行するなら、選手の権利としてのＦＡ獲得年限を、現行九年からＭＬＢと同じ六年に短縮するべきだ、と選手会は要求するだろう。しかし、ＭＬＢでは、六年のＦＡ獲得年限を迎える選手を、高額・長期間の条件で獲得しようという競争が、年俸高騰と経営悪化を招いている。日本球界でも同じことが再現されよう。

ＭＬＢを礼賛する評論家は多いが、ＭＬＢでは、この完全ウェーバーが必ずしも戦力均衡に結びついていないのが現状だ。

ＭＬＢドラフトでは代理人が介在した高額契約の事前交渉が行なわれて、予算に限度がある球団は、有力選手の指名を見送っている。二〇〇四年ドラフトで、大学選手として最有力とされた投手について、全体一位指名権を持つパドレスが指名を断念し、全体一二位でようやくエンゼルスが指名した実例がある。

〈『文藝春秋』二〇〇四年十二月号掲載。原題「独占手記〝世紀の悪者〟にも言わせてくれ――プロ野球ストの争点を衝く」〉

解説と補足

『文藝春秋』に掲載した本編について不思議に思うことがある。

私がレストランで夕食後、多少酩酊して出たところを、毎夜のように記者諸君に囲まれる。そこで不用意にもらした一言が、スポーツ紙の一面トップになったり、週刊誌のナベツネ中傷記事に大きく使われる。

しかし、この『文藝春秋』掲載論文は、四〇余枚を越した長文として、当面のあらゆる問題点を論じて書いたものであるが、スポーツ紙、週刊誌等ではまったくといっていいほど、良くも悪くも引用もされず、批判もされなかった。要は、この論文が体系的、理論的、客観的でありすぎて、記者諸君に理解できなかったのか、〝ナベツネ〟バッシングに利用するには無用もしくは不利益であったからなのであろう。

さて、選手会によるストの後、関西ではオリックスとバファローズが合併し、阪神とオリックスの二球団体制となった。仙台をフランチャイズとする楽天イーグルスが新規参入し、二リーグ、一二球団体制が維持された。西武の堤元オーナーが発言したように、四球団が合併し、セ六球団、パ四球団になった場合、パ・リーグ救済のため、巨人がパに移動して、セ・パ各五球団の一〇球団に再編成してもよいと私は考えたことがあるが、パ・リーグの六球団制が維持され、その必要がなくなった。

しかし、翌二〇〇五年に巨人軍の戦績が低下し、プロ野球全体の人気が下がったのではないか、との議論が盛んになった。

堀内巨人軍の失敗は、第一に、監督が清原、ペタジーニ両選手との直接対話なしに、ファーストのポジションを争わせ、チーム内の不和と混乱を招いたこと、またこの大物選手の存在のおかげで、二軍のピチピチしている若手選手が、なかなか一軍で活躍の場を持てなかったこと、第二にケガ人があまりに多かったこと——の二点が主因と思われる。

〇五年十月五日、堀内監督の辞意を受け、原辰徳君を監督に起用した。前回の監督辞任後、彼を巨人軍の特別顧問にした時、私は「社内の人事異動だ」と言って、失言・暴言としてスポーツ紙や週刊誌から中傷攻撃を受けた。

しかし、原君が前回監督を辞めた時、私は「二年か三年休んで、他球団の研究などをしていて欲しい。必ず、もう一度監督に復帰してもらうから」と本人に言い、かつ巨人軍内の職務である特別顧問に就任すること、及びその年俸についても提示して合意し、原君は巨人軍の一員として留まった。原君は二年で監督に復帰した。巨人軍の人間としての法的、経済的立場には変化なく、これも人事異動だと思っている。

私は長嶋茂雄終身名誉監督や原君のようなスターは、永久に巨人から離れないように念じている。堀内前監督も、巨人軍コーチのユニフォームを脱いだ後も、監督になるまで、読売新聞のスポーツ・アドバイザーの職にあったし、今回監督を辞任しても、読売社内に何らかの適当な地位に留まってもらうことで、堀内君と合意している。

巨人軍は、優秀なOBを手厚く遇し、その経験と知恵を借りるよう心がけている。

なお、今回の原君の起用にあたって、巨人軍内に留まっていた原君と私との間に「シコリ」や怨念があるかのような報道があった。今回、私は原君に電話で「次期監督を頼むよ」と伝え、瞬時に「わかりました。お引き受けします」との無条件の快諾をもらっている。その間、一分間ほどだ。私と原君の意思の疎通が完全であった証拠である。二、三年で監督に戻ってもらうとの約束通りなので、いささかも不自然な話ではない。

野球界でも、最も大事なのは人間関係である。私は、かつてオーナー就任以来、一球団を除き、全球団のオーナーとひそかにサシで会って、とことん話し合っている。ホテルのレストランで会ったり、読売新聞の主筆室で会ったりするが、こうした会談現場を一度もスポーツ紙や週刊誌に発見されたことはない。

私は、前線の記者時代、政治家の密談の場所と内容を取材するのを仕事としていたから、密談のノウハウはマスターしている。私は、池田内閣以来、ほとんどの歴代首相とサシで夕食を共にして話し合ってきたが、一度も番記者に見つかったことがない。自分自身が取材される場合、本当にマル秘を要する時の忍びの術は失敗したことはない。

現場の指揮は、当然のことながら、原君に全権委任だ。彼は日本一の経験もあり、また二年目の失敗の経験もある。いずれの経験も、第二次政権の勝利の方程式作りに役立つであろうことは間違いない。

強い巨人を再生し、ＯＮにつぐスーパースターがやがて出現すると信じている。

人気が一時的に低下したとはいえ、あらゆるスポーツの中でプロ野球の人気度は世論調査上、常にトップであり、五〇パーセント前後を維持している。松井秀喜やイチローのようなスーパースターが二、三人登場してくれるだけでも、往年の野球人気が復活するだろう。

それとともに大事なことは、全球団の企業努力とファン・サービスの向上であり、また高校野球から少年野球に至る裾野を広げることだ。そのために必要な球場やキャッチボール場の整備に、地方自治体や大企業の協力が望まれる。

二、私のプロ野球改革論

聞き手／小林　至

――まず、渡邉会長は、野球というスポーツがお好きですか？　というのも、世論では渡邉会長は野球が好きではなくて、販売促進の道具としての野球や巨人軍には興味があっても、野球そのものには興味がない人なんだという声があります。しかし、その一方で、球界の内部の方にお聞きすると、渡邉会長ほどプロ野球のことを熱心に考えて、本気で将来のことを考えている人はいないと言う人もいます。本当はどちらですか？

渡邉　僕はね、野球は素人なんですよ。学生時代にやったことがないんですから。僕の学生時代は戦争中でね。野球をやっているような時期じゃなかった。だから、スポーツは学校の正課であった柔道しかやったことはない。それから勤労動員で、この世の中の過酷な重労働を全部経験した。新潟県の山奥の貧しい農家に行って、泊まり込みで農事作業をさせられたし、日立の亀有工場というところで、過酷な肉体労働もやったし、それから召集され陸軍二等兵ですから。終戦後も、東大の共産党に入って学生運動に忙しくて、野球をやっているようなヒマはなかったですね。

読売新聞に入ってから江川事件とかいろいろあって、法律的な問題の後始末を命じられて、野球に興味を持って見るようになって、今では普通の素人よりは野球協約の解釈はもとより、ルールについても詳しくなったというわけだな。

ただし、好きか嫌いかと言えば、経営者としてはこんなイヤなものはないね。

——それは、どうしてですか？

巨人軍、松井選手と

渡邉　負けた時は頭に来るし、勝った時はたのしいけど、一四〇試合のうち優勝するのに八〇勝として、優勝しても六〇試合は負け試合を見なければならない。負ける試合を見るというのは、イヤなんですよ。第三者的に、どっちが勝ってもおもしろいと思って見ている人はいいだろうけど、こっちは、はらわたの煮えくりかえるような思いもするわけだから、負け試合を見るのは、本当にイヤですね。そういう意味では、好きか嫌いか、どちらとも言えないね。

——この、野球が好きか嫌いかという流れで行きますと、これは、私のまったくの勝手な思いなんですが、今回新規に参入することになった楽天ですが、私もテレビ画面とか報道を通じてしか知らないのですが、どうも、野球が好きで、というよりも、ビジネスとして名前を売りたいというか、もちろん、それもプロ野球の一つの目的としてあるとは思うのですが、どうもしっくりこないところがあるんです。

渡邉　それはね、渡邉は販売のことしか考えていないというふうに言う人もいるけどね、販売と野球と、そう簡単に結びつくものじゃないんで、つまり、巨人が勝てば部数が増えて……という関係にはならんのですよ。

効果があるとすれば、読売新聞としてはね、七〇〇〇人の正社員がいて八五〇〇軒の販売店があって、八五〇〇人の店主の下に一〇万人近くの配達労働者が働いている。彼らの士気を鼓舞するには非常にいいね。張り切って新聞を配達し、部数を伸ばそうと努力をする。そういう精神面ではプラスになる。

——放送権料、チケット、グッズなどを合わせたものを球団収入とするのが一般的な考え方ですけれども、そうしますと、巨人軍の生み出している収入は、ヤンキースですとか、サッカーのマンチェスター・ユナイテッドに匹敵する年間三〇〇億円ぐらいだと言われています。

渡邉　東京ドームは、いちばん人の入る球場で、中にショッピングアーケードや飲食街もあるし、駐車場も広いし、あらゆる点で優れた施設ですけれども、読売新聞社は株を持っていないんですよね。まったくの別会社ですから。

――しかし、一心同体のようにして歩んでこられたのは事実ですよね？

渡邉　それは、巨人がたくさんお客さんを集めれば、売り上げの一定割合の球場使用料を余計に払うことになるわけですから、そういう意味で利害が完全に一致したんだ。もちろん友好関係にはあるわけだけど、読売新聞社は東京ドームの株は持っていないんですよ。

――巨人の経営が非常にうまく行っていて、いっぽう、他の球団は、たとえセ・リーグといえども、巨人にはとても匹敵できないという中で、巨人がいるために年俸のバランスが崩れて、他の球団が迷惑しているということを言う人もいますが、それについてはどうですか？

渡邉　それなら、メジャーリーグにヤンキースがいるから、みんな迷惑している。ヤンキースのおかげで損をしている。ヤンキースがいるからメジャーが潰れるという論理が成立することになる。

しかし、ヤンキースがいるから交流試合でドジャースとやってみたり、ダイヤモンドバックスとやったりして、他の球団がヤンキースのおかげで受益していることは事実。ヤンキースがなかったら、アメリカの野球人気はもっと低いですよ。それから、巨人軍は昭和九年に発足して、二三年間も赤字を続けたんですよ。僕がその話をタイガースの久万さんにしたら、彼は「僕のところは六〇年近い間ずっと赤字で、やっとこの一〇年ぐらいで黒字になったんだ。ところが、他の球団はちょっとぐらい赤字だとすぐにやめるという。まったくけしからんね」と言っていたけどね。事実、そうだと思うんだよ。

小林さんは、巨人戦の視聴率がいちばんよかったのは、誰が監督の時だったと思いますか？

——たしか、長嶋さんが二度目に監督になった時だったと思いますが。

渡邉　いや、違う。視聴率が最高だったのは、藤田監督の時ですよ。藤田というのは、非常に地味な人だ。長嶋とか王のように華のある人ではない。にもかかわらず、年間平均で二七パーセント取ったんだ。ということは三〇パーセントから四〇パーセントという日もあったわけだね。今では、考えられん数字でしょう？　川上時代、九連覇した時の年間平均視聴率は一六パーセントしかないんですよ。ONもいたけれども、ある意味、その頃からだんだん野球が盛んになってきたということだ。藤田監督の時の八三年、ONに続くスターの原辰徳がデビューした二年後。年間平均視聴率が二七パーセントという考えられないような数字になったんだ。

そういう時代もあったが、最近はだんだんと低落傾向にある。それは巨人にスーパースターがいなくなったからだ。他の球団には二、三いるにはいるが、巨人には松井がいなくなってしまったという影響もあるだろうし、多メディア化の影響もあるだろうし、それから、日本人の生活形態がだいぶ変わってきたこともあると思うね。

夕方六時に家に帰ってテレビにしがみつくという人が少なくなってきて、日本人も豊かになってきたからね、外で飲んだり食ったり、社交というのが、夜に外で展開される。だから、テレビを見る人が少なくなるんだ。

消費性向の高い層というのがあってね、それはテレビの言葉でいうとF1と言って、女性の二十歳から三十四歳まで、この若い女性たちがいちばん金を使うんですよ。彼女たちは自分で仕事を持っていて、晩婚になっていて、しかし、いずれ結婚をすると、今度は亭主の収入も合算されて、消費性向はさらに高くなる。この消費の多いＦ１に対して、プロ野球をいちばんよく見ている層というのはＭ３という層で、これは五十歳以上の男性、つまり中・高齢層ですよ。この層、特に五十代は、夜、外で飲み食いして帰って来るというのが多く、六時に毎日、家に帰ってくるサラリーマンというのはあまりいなくて、テレビがＦ１指向になってプロ野球を育てるための努力をしなくなったんだね。

それから特にね、戦前のプロ野球は、だいたい二時間かからないで終わっているんですよ。一試合が。戦後、それが二時間になり三時間になり、今は五時間でも終わらない時がある。そして、七回以降の終盤での逆転が非常に多くなってきた。それは、どの球団も優れたピッチャーがいなくなってきたからかもしらん。あるいは、どの球団も打つほうが力があるからかもしらん。アメリカでもピッチャー不足で、試合が長くなった。日本もテクニカルな進歩があって、間を置いたり、いろいろな細工をするから試合が長くなるでしょう。その上、最近、いちばんおもしろい八回九回のテレビ放送を打ち切ってしまう場合が増えてきた。そこへ来て、長嶋とか王のようなスーパースターがいない。巨人にだって、最近では長嶋や王を超えるようなスーパースターは出ていませんよ。

——今日は、渡邉会長に、将来に向けて、こうしていけば日本のプロ野球は大丈夫だという明るいお話をお聞きしようと思ってきたのですが、どうしても将来展望が暗いように聞こえてしまいますね。具体的に言いますと、テレビの視聴率が非常に悪くて、多くの球団が巨人戦での視聴率というか放送権に頼っていますが、一説には一試合一億円と言われているその放送権料が、今のこの視聴率では、一億円はキープできないのではないか？　また、放送枠のほうも、試合の前と後ろがない状態がますますひどくなるんじゃないかというような暗い話が囁《ささや》かれていますが、これは、どのようにお考えになっていらっしゃいますか？

渡邉　阪神なんて、久万さんがオーナーをやっている間に、一〇回は最下位になっているというんですよ。それなのに、あれだけの人気があるでしょう。その意味で、個性のある球団にする企業努力があればできるはずだな。それから、阪神の球場は甲子園で、高校野球の殿堂というか、夢の球場ですよね。そういう地の利も、たしかにある。

——財政で言いますと、今、大リーグのビジネスは税金ビジネスという側面が非常に強いと思うんですね。球場を自治体に造らせて、球場から入ってくるものはすべて自分たち球団のものだと。日本だったら税金泥棒だと言われるんじゃないかというほどのビジネスが展開できているのですが、アメリカと日本の違いと言いますか、日本でそうした形というのは可能でしょうか？

渡邉　日本でも、Ｊリーグが地域密着と称して、自治体に依存することをやっているけどね、自治体というのは何かと言ったら、役所なんですよ。市民球団なんて言うけどね、広島も最初は市民球団でやろうとした。株主がたくさんになった。すると、あまりうまくいかない。亡くなった松田耕平さんが一生懸命私財をなげうって株を買い集め、今、ファミリー所有にしてしまったわけで、市民球団ではないんですよ。球場は広島市民球場ですがね。じゃあ、市民が一〇〇億円を出して、今、広島球場を改築するかというと、それは困難でしょう。広島球場というのはあと二、三年しか耐用年数がないのに。市とか、市に立地する企業がカネを出すべきだ。だが、球団と球場は別経営で、球団株を市や他企業が要求すると、野球協約違反が発生するから駄目です。

アメリカのダイヤモンドバックスの場合は、地元のマリコパ郡が、球場への補助金支出を決め、消費税を約三年間〇・二五パーセント上げ、その増収分で建設費三億五〇〇〇万ドルのうち二億三八〇〇万ドルを負担して、そうして、開閉式天井で天然芝、外野スタンド右中間にプール付きの特別席まであるという贅沢で斬新な球場を作った。プール付きで天井のある立派な球場を税金で造ったんですよね。

――最近の大リーグの球場は、ほとんどがそういう形で建設されていますね。

渡邉　ところが、ダイヤモンドバックスは四年、いや六年だったかな、六年間で身売りだからね。日本で言えば楽天とかライブドアのようなＩＴ会社を作って、その会社を売り払って、今、地方銀行の株を二五パーセント持っているそうだけど、そういう金持ちが買収しちゃったんですよ。日本では、消費税を上げてまで野球場を造るのに金を取るなんて、絶対に応じないね。

――企業名が球団についていることで、これには批判的な人が非常に多いですね。それに対して、巨人の場合ですと、人気は盤石、体力的にも余裕がある中で、大衆迎合というわけではないけれど、ここは「東京巨人軍」にしておこうかなと、お考えになったことはないですか？

渡邉　東京読売巨人軍を読売巨人軍にしたのはケシカランと言う人もいるようだけれども、それは、まったく矛盾した話でね、東京に今は二球団だけど、かつては三球団もあったんですよ。巨人と日本ハムとヤクルトね。東京というフランチャイズに三球団もあって、三球団全部が胸にＴＯＫＹＯと書いていたら、いったいどういうことになるんですか？　これじゃあ、試合にならんですよ。だから、日本ハムと書いたり、ヤクルトと書いていたんだよ。それなのに、巨人が読売と書いたらケシカランと言うのは、どういう理由かね？　三球団ともＴＯＫＹＯと書いたら、東京対東京で、これじゃあ試合にならんよ。大阪だって三球団あったんだし、地域名というのは、まったくもってナンセンスだ。

中日だって……、新聞社で球団を持っているのは読売と中日だ。中日は中日ですよ。読売は巨人と言っていて、読売とは言わないですよ。スポーツ紙に読売と出ますか？　出ないでしょう。中日は中日と出るが、読売は巨人としか出ないんですよ。それはそれでいいんです。しかしこれは、一二球団ともギリギリ企業野球なんだから、まあ、広島だけはファミリーだけど、あとは大企業がバックにいてやっているんだから、企業名を出さなければ意味はない。その一方で、僕がユニフォームの胸に企業名をつけるようにと言って、ＴＯＫＹＯを外してＹＯＭＩＵＲＩとした。すると、企業名をつけるのはいかんと言われた。名古屋で中日というのを外して、ＮＡＧＯＹＡにしろなんてヤツはいないのにね。

——これはぜひお聞きしたいのですが、ドラフトと保留条項と外国人枠、それからＦＡ、これらは全部同じ話だと思うのですが、世論は完全ウェーバーを望む声が高くなっています。これには私は反対で、自由競争のほうがいいと思うのですが、それはともかくとして、法律家の間でもドラフト制度自体、職業選択の自由に関わるギリギリの線ではないか、それから保留権については、口の悪い弁護士など、これは奴隷契約なんじゃないかと言う人もいるようですが、このドラフトと保留条項と外国人枠、それからＦＡ、いずれも契約で縛るもので、どうも自由な雰囲気を感じません。このあたりはどうですか？

渡邉　僕も、その点はおっしゃる通りだと思う。つまり、憲法二十二条の職業選択の自由を明らかに侵しているものであり、独禁法上で言えば、これはもうカルテルですからね。

あらゆる業界にカルテル行為というものはあるけれども、公正取引委員会でそれは摘発されちゃうだろう。公取が手をつけない独禁法違反を公然とやっている業界は、野球業界だけだね。

アメリカのメジャーの歴史は、小林さんもご承知だろうと思うけど、独禁法違反をめぐる法廷闘争の歴史なんだからね。しかし、日本じゃ独禁法違反で訴えたなんて話は、聞いたことがない。ドラフトなんていうものは、まったく憲法上も問題であり、言ってみれば年季奉公の思想ですからね。

——弁護士の中には、ズバリ、それを指摘する方も多いですよ。

渡邉　真面目な法律論者なら、野球契約について、憲法と独禁法との整合性をどう捉えるか、それを根本的に考えなければおかしいですよ。

僕は、あらゆる球団は、すべてこれから市場経済原理にしたがって経営努力していかなければならないと思っています。市場経済というのは、競争原理ですからね。戦力均衡論というのは、競争の否定論だからね。人為的に競争を否定して、それで弱いものを強く、強いものを弱くしてどっちが勝つか分からなくするというのがフェアだという思想は、まったく間違っているね。基本はそこにある。

だから、いちばんの問題は、選手の保留権という、この人身拘束のシステムをどう考えるかということですよ。ですから、もし、それでも完全ウェーバーをやるというのなら、FAをずっと短縮しなければいかん。三年とか五年とかにしたらいい。アメリカでは六年だけどね。僕は、よく選手が怒らないものだと思うよ。完全ウェーバーにしてくれって、選手会が言っているんだからね。

——私も、あれは不思議でしょうがありません。

渡邉　僕も、まったく不思議で仕方がないね。自分たちの自由意志を一切捨てて、それで、どこに年季奉公するのか分からないというのは、人身売買じゃないか、あんなものは。そんなことを言っても通らん世の中になっているがね、今は。

――自由競争で淘汰を待つということで考えますと、サッカーでは入れ替え制になっています。いっぽう、今のプロ野球は、これはアメリカのプロスポーツもそうですが、閉鎖型のリーグを形成しているものですから、弱い球団は淘汰されようがなく、ずっとぶら下がっていられます。これが入れ替え制のような形になれば、自然に自由競争のいい部分が生かされてくるのかなという気が、私にはするのですが、どうでしょう?

渡邉　僕は、三軍制というか、メジャーに対するマイナーリーグを作るべきだと思うね。三軍は米メジャー傘下のマイナーのようなもの。現在、一、二軍間で選手の入れ替えが頻繁だが、三軍が一、二軍に昇格するには、一二球団のドラフトにかけるか、あるいは一定条件下でドラフトによらず昇格できるかのどちらかにする。三軍というと二軍よりもさらに実力が劣るものという印象を受けるかもしれんが、アメリカにはメジャーとマイナーというものがあるんだから、日本にもマイナーを作るべきだと思うんだね。

そのマイナーは、完全に地域密着にして、各県に、たとえば松山には坊っちゃんスタジアムがあるけれども球団がない。同じように、岡山の倉敷にはマスカット球場というとても立派な球場があるけれども球団がない。さらに、静岡県には草薙球場というのがあるけれども、こちらもまた球団がない。そういうような一万五〇〇〇人以上お客が収容できて、しかも球団を持たない球場が全国に二〇以上もあるんですね。そういうところにマイナーリーグを作って、その中で勝率一位を争ったらいい。今度は一二球団の中で交流試合もやるんだから、その中で最下位になったチームは、マイナーの優勝チームと一球団だけ交替する。そういうことがあってもいいんじゃないのかなあ。

――選手の流出を端緒にして起こった大リーグブームについてどうお考えでしょうか。とくに、プロ野球を代表し巨人軍を代表する松井秀喜選手が大リーグを選んだことは、プロ野球のブランド価値を著しく低下させたと思います。これに対して、どんな手立てをお考えでしょうか？

渡邉　NHKが一日に何時間も大リーグの試合を放送したり、読売新聞も含めて、とくにスポーツ紙などがメジャーメジャーと、最近やっとメジャーリーグのことが分かってきたものだから、大報道しているけれども、もし、日本の野球がもっとおもしろくなって、たとえば読売・ジャイアンツとニューヨーク・ヤンキースがやって、ジャイアンツが三勝二敗で勝ったということになれば、コンプレックスがなくなりますよ。

つまり、問題はメジャーコンプレックスなんです。そのコンプレックスを捨てなきゃダメだね。たしかに、アメリカのほうが野球の歴史が古いから、日本はずっとアメリカから学んできたけれども、今や日本のプロ野球をやった人間が、アメリカで一流の選手になっているんだからね。

今年（二〇〇四年）の春、すでに巨人対ヤンキース戦をやったんだよ。ヤンキースの公式戦の開幕も東京ドームでやった。ヤンキースが嫌がるのを、僕がオーナーのスタインブレナーに何度も手紙を書いて、やっと実現したんだ。スタインブレナー・ジュニアや娘さんご夫妻やら、スタインブレナー家の人たちが来ましたよ。それで、日本でやって、交流試合もやり、巨人対ヤンキース、巨人対デビルレイズ、それから阪神……そう、ヤンキースは阪神に負けたでしょう。そういうことがあるし、これからも活発にやれば、メジャーコンプレックスはなくなってくるんじゃないかな。

——日本のプロ野球の未来というものが、非常に難しいものになるのではないかと僕は心配しているんです。一流の世界であるという位置を、果たして取り戻せるのかなと思っています。

渡邉　日米オールスター戦をやったこともあるしね。二流の球団とやって勝って喜んだこともあったかもしらんけど、今年はヤンキースがやってきた。なんと言っても、ヤンキースは今、アメリカのナンバーワンの人気チームだからね。アメリカの一流の球団を呼んで、巨人と阪神がそれぞれ一対一でやるという例を作ったわけだ。ただし、巨人が米メジャーの三一番目の球団になる気はない。

――いっぽう、ああいう形で大リーグをどんどん日本で露出させていますが、彼らには日本のマーケットを取りに来ているという部分もあると思うんですね。

そのマーケットというのは、もちろん日本の野球のマーケットで、たとえば、大リーグの試合を見ますと、日本企業の広告などもたくさん出ています。ああいう形で、日本のプロ野球に落ちているお金が向こうに行ってしまうのではないか、日本のファンも向こうに行ってしまうのではないか。そして、現実に、それは起こっているのではないか。今これを止めておかなければ、近い将来、日本の野球は大変なことになる、そう心配している人もいます。

渡邉　じゃあ、聞くが、いったいどうやって止めるんだね？　一流選手をアメリカにやってはいけないという決まりを作るわけにもいかないでしょう？　このグローバライゼーションの世の中で、こういう国単位の防壁を作ったって無理ですよ。自動車をこれ以上輸出するのは困るよと、アメリカから言われたこともあるし、繊維摩擦から始まって、絶えず貿易摩擦が起こって、今でもあるでしょう、その時に、野球の世界にまで貿易摩擦を起こす必要はないんじゃないかな。

いずれ、両松井やイチローも日本に帰ってくるでしょう。アメリカに永住するとは思えないね。彼らが日本に帰ってきたら、日本の球団の監督になったりコーチになったりするだろうし、その時は人脈を作って、向こうからもいい選手をたくさん連れてくればいいんですよ。

アメリカだってヤンキースだけですよ、あんなに高い金を出せるのは。無理に高い金を出して、たとえばダイヤモンドバックスみたいに、ランディ・ジョンソンとカート・シリングの二人を獲ったはいいけれども、結局は球団が身売りしちゃった。

――これから、どんどんそういう形になっていくということですか？

渡邉　その可能性はありますよ。逆に、アメリカが日本の球団を買いに来るかもしれん。ただ、こちらの協約には外資制限条項があるから、それはできないけどね。

――最後に、渡邉会長が描く、わが国のプロ野球の姿というのは、どのようなものでしょうか？

渡邉　市場経済原理を無視して、戦力均衡なんていう名分で、強い球団を作らないようにすればいいなんていう考え方を捨てて、徹底した自由競争の原理にしたがって、激しい競争の中で強くなっていくということが必要であって、親会社の宣伝媒体として考えてもいい。いいけれども、もう宣伝の役に立ったから球団なんていらないよ、ポイ捨てだというのは、やめてもらいたいね。

――今日は長時間、まことにありがとうございました。

渡邉　いや、どういたしまして。こちらこそありがとう。

〈小林至『合併、売却、新規参入。たかが…されどプロ野球!』（宝島社）掲載対談より抜粋〉

解説と補足

二〇〇四年のプロ野球スト騒動で、私と阪神の久万オーナー、横浜の砂原オーナーが辞め、その後経営責任問題で、西武の堤オーナーが辞任した。続いて近鉄とオリックスが統合し、楽天の三木谷オーナーやダイエーから球団を買収した孫正義オーナーが登場した。こうした事態の展開によってオーナーの古参メンバーが消え、オーナー会議はある面で無政府状態になってしまった。

かつて阪神の野崎代表（当時）が、セ・リーグの中に反巨人軍包囲網を作ろうとして失敗したことがあった。こうした事例を除外すれば、セ・リーグ六球団は、巨人・阪神の友好関係を中心に鉄の団結を保ち、それに西武とダイエーが同調し、常に多数派が維持されていたから、オーナー会議ではあまりゴタゴタが起きなかった。

さて、二〇〇四年の改革では、二リーグ制は保たれたが、ドラフトの一部改革や、新規参入料の軽減や交流試合の導入をめぐって、試行錯誤が進んでいる。

また、孫正義ソフトバンク・ホークス球団オーナーから、日米クラブチーム・チャンピオンシップの提案があり、同時にMLBと選手会共催のWBC（ワールド・ベースボール・クラシックス）の提案もあった。ワールド・カップや日米優勝球団決戦など、オリンピックに代わる世界野球対抗試合のようなものができれば、健全な野球ファンの拡大に役立つだろう。

私が二〇〇五年になって巨人軍球団代表取締役会長に復帰したのは、詳しく書けないが、一場事件発生の背景が三球団のオーナーが責任を負うことだけでよかったのかどうかについて、種々の疑問があったこと、また私の解任した社長や代表を読売グループ内の他の責任あるポストに復帰させることができたことなどがある。さらに、各球団の古参首脳部と密接な連絡をとり、プロ野球再建について話し合う必要を感じたこと、低迷する巨人軍の再生復活には、読売グループ全体の総力結集が必要となったこと――などが理由としてあるが、それ以上の陳弁をここでは省く。

二〇〇五年のプロ野球は、阪神、ソフトバンク、ロッテの活躍のほか、新球団楽天が一〇〇敗を免れ、今後の活躍にある種の期待と人気が生じたことなどが収穫であるが、巨人の低迷克服が球界最大の課題だと私は思っている。

それにしても、スポーツ紙、週刊誌等の巨人バッシング（ナベツネ・バッシングといえるかもしれない）にはひどいものがあって、さまざまのルーマーをかき混ぜ、〝誤報〟〝虚報〟が続出したことはさておき、いわゆる〝野球評論家〟のなかに、客観性を欠き、非論理的、感情的売文業者が増加したことは残念である。

その中で、小林至さんは異色である。

まず、東大を卒業して、ロッテ球団に一選手として入団し、二年くらいで退団した後、渡米して、コロンビア大学でＭＢＡの学位をとった野球を愛する俊才である。在米七年間のうち、フロリダのＴＶ局で働いたり、全米のメジャー、マイナー野球を見聞し、研究した。野球の実践と理論を体得し、次々に著書も出版しているが、彼の野球評論は、理論的、体系的、実践的、客観的でかつ面白い。このような新型の野球評論家が活躍し、主観的、感情的、非論理的、大衆迎合的な低レベルの評論家を淘汰してくれれば、日本の野球界の向上発展に資すると信じる。

小林さんは、何の面識もない私に突然インタビューを求められ、それに応じたのが、本書掲載の対談である。今回、氏の著作『たかが…されどプロ野球！』から著者の了解を得て、転載した。

ソフトバンク・ホークス球団のオーナー孫正義氏は、成功したＩＴ企業の創業者、経営者であるが、小林氏の著書を読んだだけで、ただちにホークス球団の取締役経営戦略室長として迎えた。孫氏の慧眼と、実行力の速さには感服する。率直に言って、小林氏は巨人軍フロントに必要な人材であるが、今後パの雄たるホークスを一層強化し、プロ野球界の競争的発展に寄与していただければ幸いである。

第五章　老夫婦の大病記

一、私のガン手術体験記

「前立腺ってどこにあるんですか」

去る一九九八年三月中旬の土曜日のことである。前立腺全摘出手術のための入院で弱った足腰を鍛えるため、息子夫婦と共にゴルフ場に行った。オートカートを運転してくれるキャディさんは近くプロテストを受けるという若い女性であった。その彼女との対話である。

「大手術をして退院したばかりなので、よろしく頼むよ」

「どこの手術をしたんですか」

「前立腺を取ってしまったのだよ」

「前立腺ってどこにあるんですか」

「男性にだけあって、女性にはないものだから、君は心配しなくていいよ」

「どんな字を書くんですか」

「前に立つ腺と書くんだよ」

キャディさんは、深刻気な顔をして黙り込んだ。しかし、プレイの指導は抜群で、特にグリーンの芝の読み方はすごく、病後の私は十余メートルのロング・パットを三つ決めることができた。

その翌週、ある友人が私の会社に訪ねてきた。

「渡邉さん、先週の土曜日にゴルフをしたでしょう。その翌日の日曜日に、同じコースで私もプレイしたのですが、たまたま、キャディさんが同じ人でした。そのキャディさんが言うには『巨人軍のオーナーが、手術でオチンチンを切り取ってしまったんだそうですよ』とマジメな顔で言ってましたよ」と言いながら、腹を抱えて笑った。

なるほど、「男性特有のモノで、前に立つ」といえば、そう誤解されてもしかたがない、と思って、私自身も吹き出してしまった。

その後も、退院後初めて会う友人や知り合いは必ず、「顔の血色が良いですね。太ったようですね」と怪訝な表情で尋ねる。そのたびに私は同じ答えをする。「私のガンは生殖器の一部であって、消化器とはなんの関係もないから、何でも食べられるので顔色も悪くないし、痩せるわけもない。逆に体重が増えて困っているんですよ」。

日本でも増加中のガン

それほど日本では前立腺ガンについては無知である。紀元前三〇〇年頃のギリシャで人体解剖の先駆者となったヘロフィロスが「膀胱の前に位置する柔構造のもの」と訳されるギリシャ語で、前立腺を初めて説明した。『解体新書』で有名な杉田玄白の高弟である大槻玄沢が、「摂護《せつご》」と名付けて以来、摂護腺に変わり、一九四〇年に日本解剖学会でようやく「前立腺」と改名したのだから、知られていないのも無理はないかもしれない。

このガンの死亡率は、日本では、肺、胃、肝、結腸、膵、リンパ・造血器、食道、直腸・S字結腸・肛門、胆嚢・肝外胆管についで第十位とまだ下位にあるが、米国では罹患率で一位、死亡率で二位だ（米国のガン死亡率の一位は肺ガンだから、禁煙、嫌煙運動がやかましいのである）。

日米間の前立腺ガン死亡率の差は、食生活の違いにあると見られ、ハワイの日系人は米大陸と日本の中間だ。また米国の黒人の同ガン死亡率は白人の倍であるが、アフリカの黒人には見られない。このガンは高年者に多いから、平均寿命が短く、かつ食生活の違うアフリカの黒人は前立腺ガンがほとんどないのだろう。米国の黒人は貧困層が多く、早期発見と適切な治療が受けられないので、白人の倍も死亡率が高いのだと思われる。

日本でもやがて、このガンの罹患率、死亡率が上昇するに違いない。

進行前立腺ガンに女性ホルモンによる治療が有効であることを初めて証明したのは、米国のハギンズという医師のおかげである。ハギンズ博士は、中世欧州のカストラートや中国の宦官に前立腺ガンが発生したことのない事実に着目した。カストラートというのは、中世のオペラの男性ソプラノ歌手で、変声期前に睾丸《こうがん》を取る、つまり去勢することによって、成人後もソプラノで歌うことを可能にした歌手のことである。彼らは美しい高音とともに、男性の持つ肺活量の強大さを生かすことができたので、女性歌手の出場が許されなかった当時のオペラにとって不可欠な存在であった。

今日、睾丸を摘出する手術、つまり除睾術のことをカストレーションというのも、以上のような歴史によるものだ。日本全国の〝タマヌキ〟諸君は、前立腺ガンになることがないことを保証するが、女性ホルモンの多用のため、他のガンになる可能性はある。

ところで、ハギンズ博士は、この歴史上の事実から、前立腺ガンを作る因子が男性ホルモンにあり、たとえば骨盤に転移した末期前立腺ガン患者の睾丸を除去すると、痛みが軽快すること、早期の前立腺ガンを治癒できるとの実例を発表した。ハギンズ博士はこの発見によってノーベル生理学医学賞を受賞している。

危うくホスピス入り

私の前立腺ガンが発見されたのは、昨年（一九九七年）の二月である。そして前立腺の全摘手術をしたのは、今年（九八年）の一月であった。

私は過去数年間、年一回、東京・赤坂の前田病院で新谷弘実博士による胃と大腸の内視鏡検査を受けてきた。同博士の腕は、大腸及び胃の双方に内視鏡を入れ、ポリープがあれば、これを電流を通したループで切除するのに、総計一五分しかかからないという点で、おそらく世界最高水準であろう。

去年の検査は相変わらず一五分で終わったが、その時博士は「胃、腸ともきれいです。しかし、ちょっと失礼して採血させてもらいます」と言って、私の腕の静脈から採血した。胃腸に異常がないのになぜ採血したのだろう、と私は不思議に思った。

前田病院から、検査後一週間ほどたってから電話があって、「先日の採血検査の結果、

ＰＳＡマーカー値が一四でした。正常値が三ですから、前立腺ガンの可能性がないとは言えないので、精密検査をしてください」とのことであった。

それで採血したわけが判明した。新谷博士の永住されている米国では、前に書いたように、ガン罹患率中、前立腺ガンは第一位であることから、私の胃腸検査中に、直腸から指を入れて、直腸に隣接する前立腺を触診してくれたのである。その結果、二か所に硬結があることを発見し、ＰＳＡ（前立腺特異抗原という腫瘍マーカー）の数値をはかるため、採血したわけだ。

私が毎年、前田病院に内視鏡検査に行かなかったならば、この時、前立腺ガンの疑惑が発見されず、恐らく進行ガンもしくは末期ガン、つまり多数のリンパ節や骨にガンが転移し、ホスピス入りしたあげく昇天していたに違いない。

私は読売新聞社の診療所で、定期的に血液検査をしていたが、それはＧＯＴ、ＧＰＴ等の肝機能、尿酸値、コレステロール、白・赤血球数、血色素量等、多方面の数値をはかるのだが、ＰＳＡについては、検査対象とされていなかった。前立腺ガンの罹患率が、日本ではまだ低水準にあるからだろう。少なくとも六十歳以上の人については、ＰＳＡ検査をするべきであり、私は退院後の役員会で高齢社員の健診のさい、ＰＳＡを検査項目に入れるよう、担当役員に指示した。

電話によるガン告知

私が今度の精密検査のため、考えたのは、東京・高輪の東京船員保険病院である。この病院の院長は、旧制東京高等学校の同級生、新島端夫君であり、彼は東大医学部泌尿器科の名誉教授であり、後に私の手術に当たるがんセンター中央病院院長の垣添忠生先生は、彼が東大教授時代の医局員であった。奇縁であったが、私はそのおかげで後遺症のない手術に成功したのである。

私は新島君を訪ねて船員保険病院に行った。同病院では、入院することなく、通院で直腸からの触診、CTスキャン、MRI、骨シンチグラフィー、バイオプシー（生検）という必要な検査をすべてやってくれた。

骨シンチグラフィーというのは、テクネチウムと呼ばれる金属のアイソトープを静注し、三時間後に全身の骨に集積させると、ガン転移のある骨に強く集まり、写真に黒く出る性質を利用した骨への転移検査法である。私の場合、この検査では反応がなく、つまり、骨転移はなく、末期段階に入っていないことを示した。ひとまずホッとした。

バイオプシーというのは、直腸からエコー（超音波）の機械を入れ、ガンらしい部分を探した上で、そこも含めてガンが発生しやすい数か所に針を刺す。といっても刺すたびにバン、バンとピストルを撃つような音が聞こえる。下半身を麻酔しているので痛くはないが、手術室で数人の医師と看護婦が入り、ペニスをガムテープ状のもので腹に貼りつけられ、両膝を曲げ、局部が丸出しになるのだから、いささか恥ずかしい。

針は瞬間的に、前立腺内に入り、ただちに引き出される。その時に細胞を含んだ組織を少しずつ持ち出してくるのである。その細胞を顕微鏡で調べ、ガン細胞の有無を調べる。普通は前立腺の、尿道をはさむ左右両側に計六回から八回針を刺すのである。

この検査が、ガンか否かを決める最終的な検査である。

通常、ガンの告知というと、親族を先にするとか、本人と親族の同席の上で、緊張した雰囲気のなかでなされるものだ。しかし、私が今回、生まれて初めてのガン告知を受けたのは、私の会社の自室の机上の電話を通じて、船員保険病院の泌尿器科長、桝鏡年清医師（最近開業された）から聞くという簡便な方法によった。

「バイオプシーの結果はどうでしたか」

「クロでした。目下のところ、高分化腺ガンでステージBと思われます」

「ハハハ、やっぱりね」

という会話で終わりである。昨年の三月十四日のことであった。ショックというものはなかったが、ズシンとした重みを感じたのは事実である。しばらく机に向かって、自らの今後について考えた。会社の執務、家族のこと、それらをどういう順序で片づけるべきか。

まず、秘書部長と二人の秘書部次長を社長室に呼んだ。そして次のように告げた。

「検査の結果、前立腺ガンであったことが判明した。手術等の日程はまだ決まっていないが、僕の今後の行動については、このことを念頭において、計画を立ててもらいたい。とりあえず、君たち三人だけにこのことを知らせておく」

三人はかなり緊張した表情であったが、一言も余計な質問はなかった。次に、社長室長である専務取締役（のち社長）を呼んで、同様に告げた。

次に大阪読売社長（兼東京本社代表取締役副社長）である水上健也氏に上京してもらい、委細を話した。同時に小林與三次会長に会った。

私が前立腺ガンになったこと、すぐにではないが、手術のための長期入院の必要があり、またガンである以上、不慮の事態があり得ること、したがって、不慮の事態に備え、来る六月の株主総会で水上大阪社長を東京に戻し、東京本社会長とすること、小林会長にもこのさい、会長席を空けて、代表権のある名誉会長になっていただくこと（わが社では故・務台光雄氏が、九十四歳で死去するまで代表権のある名誉会長として最高実力者であったから異例なことではない）などを言上した。小林会長は、強い同情の表情を示され、かつ、私の提言をただちに承認された。

次に旧制高校時代以来、数十年にわたる親友の日本テレビ氏家齊一郎社長にも、電話で同様の説明をした。

水上大阪社長（兼東京副社長）を会長に迎えたのは、私に万一のことがあった場合、社長に就任してもらうためである。読売新聞社定款によれば「社長に事故ある時は副社長これにかわる」と定めてあるが、会長として東京に来てもらっておいたほうが安心である。

水上氏は戸籍年齢は同年であるが、新聞社では私の三年先輩であり、かつて私の上司（私が外報部次長待遇ワシントン支局長のときの外報部長）でありながら、社内に敵の多かった私を終始助け、社長にまで押し上げてくれた点で、故・務台名誉会長と並んで私の恩人であり、万事を打ち明けることのできる最大の親友である。

前記の人事案は、六月の決算役員会、株主総会で承認された。

さらに、私は内閣の行政改革会議委員であったので、当時、内閣官房副長官で私の古い友人である与謝野馨氏（のち通産大臣・政調会長）にも事実を知らせ、もし入院、手術となったときは、橋本首相に報告してもらいたいと伝えておいた。

今から思うと、当時、私のガンを告げたのは前記八人だけであったが、翌年一月、入院に先立ち、役員会で発表し、巨人軍オーナーであるという関係もあったので、同時に巨人軍本部でスポーツ紙記者にも、私の病気を発表するまで、このことは一切外部に漏れなかった。私は漏れてもかまわぬと思っていたので誰にも口止めしなかったのだが、右の八人が敢えて口外しなかったのである。その口の堅さは私のほうがびっくりしたほどである。

ガンを隠す必要はあるか？

一般に政治家はガンを隠す。池田勇人氏、渡辺美智雄氏のような大物も長く隠した。私が正式発表を翌年まで延ばしたのは、早く発表すると、毎週、数十人もの人と会う職務上、いちいち病状を説明するのに途方もない時間が浪費されると考えたからである。

また発表するときは、分かりやすい論理で説明し、一挙に周知されるような効果を考えるべきだと思った。

ただし、私は新聞協会の再販対策特別委員長をしており、再販維持の戦いの先頭に立っていたので、新聞協会長の小池唯夫毎日新聞社長及び同協会正常化委員長の松下宗之朝日新聞社長には、やがて事実を知らせておいた。手術、入院により、協会に迷惑をかけるかもしれなかったからである（結局スケジュール上、その心配はなくて終わったが）。

この二人も、翌年一月まで、どこにも漏らさなかった。ライバル社の社長として、その奥ゆかしさに感心したものである。

なお、前立腺ガン手術を公表された人には松下康雄前日銀総裁と市川平三郎元がんセンター院長がいる。お二人とも術後今日に至るまでお元気で、このことが私のガン告知であまりうろたえなかった理由のひとつである。とくに市川先生は、胃ガン手術後一五年後に多重ガン（転移ではない新発ガン）として前立腺ガンにかかり、たまたま私を執刀した鳶巣賢一現がんセンター中央病院泌尿器科医長の執刀で、全摘手術をされた。その間の事情の手記を平成七年に『文藝春秋』に発表された。

さてこのとき、いつものことだが、私の日程は二か月くらい先までぎっしり詰まっており、その変更は至難のことだったが、これから書く事情により、それ以来、約一〇か月、社長や新聞協会理事や行革委員の日程をこなすことになる。

私は、三月十四日に最終的にクロの告知を受ける前に、市販されている前立腺に関するすべての本を買って読んだ。しかし、ほとんどの本は、前立腺肥大症に関する本で、前立腺ガンについては、付けたりのように書いてあるにすぎない。

今後日本での前立腺ガン患者の増加のことを考え、入院中に、がんセンター中央病院の垣添忠生院長に、もっと詳細な前立腺ガンの一般向け専門書を書いてくれるように頼んだ。それは『前立腺がんで死なないために』という表題で読売新聞社から、一九九八年の六月に出版されている。

PSAマーカーの劇的な低下

私のガン発表文は、全文がほとんどのスポーツ紙と新聞業界紙に掲載されたのだが、実はそこで私は重大な事実誤認をしていた。この誤認のために、幸か不幸か、私はかなり楽天的に、術前の一〇か月を過ごすことができたのである。

その発表文で私の書いたことは、大略次のようなことだ。

前立腺ガンは、病期（ステージ）A、B、C、Dと進行する。ステージAでは、潜在ガンといわれ、老人は普通三人に一人は認められるが、臨床ガンにならぬうちに他の病気で死んでしまうので、まずほうっておけばよい。ステージBは、前立腺内部に限局している腫瘍で、前立腺全摘手術により「根治」する。ステージCになると、ガンが前立腺皮膜（蜜柑の皮のようなものである）に浸潤し、さらにそれを突破して周辺のリンパ節等に転移した状態となる。ステージDは、骨盤に転移し、さらに全身の骨に転移して激痛を生ずる段階である（後で知ったことだが、リンパ節転移があれば、ステージDにランクされるのであった）。

また、高分化腺ガンというのは、男性ホルモンの産生を遮断する薬物を投与する「ホルモン療法」によって、ガン病巣を縮小し休眠状態にし、ほとんど消失させることのできる良性のガンであり、低分化腺ガンは、ホルモン療法の効果の少ない悪性のガンである。

私の場合は、ステージBで、高分化腺ガンであるから、まずホルモン療法でガン病巣を叩き、ほとんど、存在しないまでに退治した上で、前立腺全摘手術をすれば、根治して再発しない――と結論した。

また、前立腺ガンを育てるのは男性ホルモンであり、男性ホルモンは精巣（睾丸）で生産される。脳下垂体の視床下部に作用して精巣からの男性ホルモン分泌を停止させてしまうLH—RHアナログと称される合成ホルモン剤（商品名リュープリンもしくはゾラデックス）という注射液が製造されたのは、最近一〇年以内である。この注射液のないときは、睾丸を摘出しなければならなかった。この注射は四週間に一度すればよい徐放剤である点で、患者の負担が少ない画期的な発明なのだが、一本約七万円と高価である（自己負担はその三割）のに対して、除睾手術は二万三〇〇〇円で一回限りで済む点が、医療保険経済上の問題ではある。

ともかく、私はガンがクロと診断されてからただちにリュープリン注射を始めたのだが、その結果PSA（正常値三）が劇的に下がりはじめ、三月には一四であったものが、四月—三・四、五月—一・八、六月—一・〇、七月—〇・六、八月—〇・五、九月—〇・二、そして十月から手術直前の十二月までの三か月間は〇・一にまで下がったのである。

ガンといえば、早期発見、早期手術と聞いていた私は、バイオプシー検査を受けたあと、学友の新島船員保険病院長から「ツネさん、君のPSAはリュープリン注射でゼロに近いまで下がるよ。手術するかどうかは、急いで決めることはない。年末に決めればいいよ」と告げられた。これは耳を疑うような話であった。後で知ったところでは、ガン細胞の活動している状態で手術すると、この手術中の出血に伴って、その血流が周辺の臓器に飛んで、前立腺内のガン細胞が転移する恐れがある。そこで、注射（ホルモン療法）によりガン細胞を討伐したあとで手術したほうが安全だということだった。

以上のような知識によって、PSAマーカーの劇的な低下からも、私はかなり楽天的に手術を待つことになった。

そこで、手術をまず行革会議の最終答申の終了する十一月まで延ばす。しかし、十二月と一月上旬は社の行事がぎっしりあるので、一月十二日入院と決めた次第である。

〝スパゲティ〟となる

いよいよ、今年（一九九八年）の一月十二日に東京・築地のがんセンター中央病院に入院、若干の、手術のための予備検査をしたあと、十四日に手術である。

十三日には剃毛といい、ペニス周辺の毛を若い看護婦さんに剃られる。経験者によると、このときしばしばペニスが直立してしまうと聞いていたが、さりげない看護婦さんの手際の良さか、七十二歳という年齢のためか、私は何の反応も起きなかった。

十四日、つまり手術の当日、私の病室で、精神安定剤の注射を受ける。そうでなくても全身麻酔というのは、意識がなくなるのだから、痛みはないはずと思い、私自身は呑気に構えていた。

手術中のことは何も覚えていないが、麻酔が切れ、ＨＣＵ（ハイ・ケア・ユニット＝集中治療室に準じた部屋）で目が覚めたとき、気がついてみると、私の身体は〝スパゲティ〟になっていた。

尿道から膀胱に突っ込んだカテーテル、前立腺の切除後のスペースに血液やリンパ液などが溜まらないように、体外に排出するためのドレーンと呼ぶチューブが、腹部の左右に二本、術後の痛みを止めるために、脊髄を取り囲む硬膜腔と呼ばれる隙間に、モルヒネを持続的に注入するためのチューブが挿入されている。これは一週間、毎時同量を注入できるように工夫されたポンプにつながり、そのポンプの容器を肩から胸に回してつり下げられる。そのほか大きな袋から点滴注射の管が手の静脈に差し込まれている。

患者たちは、からだが管だらけになるので、この状態をスパゲティと呼ぶのだそうだ。このスパゲティ状態のままでは、寝返りもできない。日曜日をはさんだため、私はＨＣ

Uに二泊した。朦朧としたなかで、顔は判別できなかったが、若く優しい看護婦さんが、耳元で、絶えず何かを話しかけてくれるので、退屈もしない。私はこの看護婦さんを美しい天使のように想像していたが、ついに実像を知ることなく別れた。

十六日には、病棟一〇階の個室に帰ったのだが、ただちに歩行練習を指示されたのには驚いた。十八日にはスパゲティのうち、まずドレーンが一本抜き取られ、十九日には二本目が抜かれ、術後五日目にはモルヒネのチューブも除去されたが、ほとんど痛みがない。

二十一日からは、少数の見舞客があり、また巨人軍関係者や新聞協会の再販、景表法（不当景品類及び不当表示防止法）の問題で、朝日の松下社長、毎日の小池社長に電話する。

手術の傷口は、ヘソからペニス根部付近まで二〇センチ近くあるが、糸ではなく、金属製のホッチキスで止められてあった。これを二十二日に半分、二十三日に全部、医師が特殊な機械でポンポンとはずす。この頃、私は忙しくなった。新聞協会問題では、がんセンターに隣接する朝日新聞社から、松下社長が二度来てくれて相談した。

厄介だったのは、プロ野球機構のコミッショナーとセ・リーグ会長の人事にぶつかったことである。この件でフィンランドに国際電話し、同国大使であった高原須美子女史と話し、金融監督庁長官就任の交渉を受けていたのを説得して、セ・リーグ会長就任の内諾を得た。そして五人のオーナーに次々に電話して了解を取り付けた。中日の大島宏彦オーナーは、チリのサンチャゴに氷河見物に行っていたので、彼と電話するのにいちばん時間がかかった。

失禁対策の手術法

術後二週間で、もっとも邪魔であった膀胱カテーテルが抜かれた。ここからが、この手術を経て社会復帰できるか否かの分かれ目である。つまり、最悪の場合、尿失禁が止まらず、垂れ流しになる。それでは新聞社の社長業など務まるわけがない。これが施術医師の手腕ひとつにかかっているのである。

前立腺全摘手術というのは、一〇年以上前は危険だというので、日本ではほとんど行われなかった。手術の対象となる前立腺ガンのような病気も少なく、医師の経験は少なかった。それまでは除睾術だけが頼りであり、そのため死亡した患者も少なくなかったろう。

がんセンターでも、一九八七年に垣添院長と、私の手術で執刀してくれた泌尿器科医長の鳶巣賢一医師が、この道の権威である米国ミネソタ州ロチェスターにあるメイヨー・クリニック（米国の三大病院の一つ）から招致したロバート・マイヤー博士の指導で施術したのが、前立腺全摘手術の第一号である。もちろんその頃はリュープリンという薬などなかったから、必ず睾丸が除去されたはずだ。

前立腺というわずか二五グラムの小さな臓器の摘出は簡単に思われるが、そうではない。胃や大腸の手術は、開腹すると広々とした視野の中に胃や腸があるため、何人もの医師が共同で処置できるから、外科医の学習も容易である。

前立腺は、骨盤の前面にある恥骨の裏側で、直腸の前の、骨盤腔のいちばん深いところに位置している。そこで、上はヘソから下は恥骨すれすれに至るまで縦に切開し、皮膚と筋肉を分けて膀胱の前に入り前立腺の前面を露出させる。それに先立ち、骨盤腔の血管の周囲の脂肪組織を除去し、前立腺の全体が見えるようになってから、これが大事なのだが、リンパ節廓清《かくせい》（脂肪組織の中に埋まっているリンパ節も含めて転移の起こりやすい部分の脂肪組織を取り払うこと）をする。廓清が終わってから、前立腺の前面を走る陰茎背静脈叢と呼ばれる何本もの太い静脈をまとめて縛り、切除する。

この処置に失敗すると、大量出血して、前立腺と周囲との関係が見えにくくなり、尿道括約筋を切ってしまうことがある。そうなると長期の尿失禁症になる。現在でもこの失敗により、尿失禁に悩まされている患者が少なくない。私の場合、輸血は八〇〇cc以下であった。他の病院では一二〇〇から一六〇〇ccの輸血が必要であり、それでも足りないことがある。このことが手術の成否に重大な関係を持つのだ。

詳細は余り専門的になるので垣添院長の著書『前立腺がんで死なないために』（読売新聞社、一九九八年刊）に委ねるが、尿道括約筋と直腸壁を傷つけることなく、前立腺の中央を走る尿道を切除し、膀胱頸部の出口の切断面とペニス寄りの尿道とを六針で糸で縫い合わせる。この場合も大変な技術を要する。この手術は、深い穴の底に目の焦点を当てるため、鳶巣先生は五時間片目で覗きながら執刀したという。

私の場合は、これらの手術が完璧に成功したため、尿道からカテーテルを抜いたあと、ただちに尿道括約筋が作動しはじめた。三十日からは外出し、築地、銀座、日本橋などでラーメン、寿司、イタリア料理など、好物を食い歩くほどになっていたのである。前立腺ガンは、生殖器の病気であって、消化器の病気ではないから、何を食べてもよいのだ。

この失禁対策の手術法は、垣添、鳶巣両先生が、米国メイヨー・クリニックで習得し、さらに改良を加えたものである。たいていの場合、入院中は垂れ流しで、かつ退院後もおむつを必要とする場合が多い。日本でも最近は手術に適した前立腺ガンの患者が増え、それにともなって日本全国の医師の技倆も向上して、こうした悲劇は著しく減ってきたという。

垣添院長は、入院前から「本院の手術で失禁後遺症はほとんどありません」と自信に満ちていた。一方私も「前立腺のかたわらを走る二本の性神経は切断して構いませんが、尿道括約筋だけは温存してください」とお願いしていた。性神経を取るとインポになる。が、私は七十歳を過ぎ、本心、セックスなどというものは厄介で不必要だが、垂れ流しになっては、少なくとも社長業は廃業しなければならない。それで右の決断をした。垣添院長から、後日、「渡邉さんは良い決断をされた」とほめられた。性神経を温存することは可能だが、もし、ガン細胞が性神経にこびりついていると、ガン再発の可能性が高くなるのである。

私の重大な事実誤認

以上のように書くと、きわめて幸運なように思えるかもしれないが、実は私の予想していなかったことが起きていたのである。

私は自分の病気がステージBだと思っていたが、いささかの不安があった。がんセンター入院に当たって、船員保険病院の桝鏡泌尿器科医長が、垣添がんセンター院長宛に送ってくれた検査報告書を私は見ていた。ほとんど英文の略字で、一般患者にはわからない符号の羅列のようなものだ。その中に invasion sus という文字を発見した。sus というのは suspicious の略語だ。これは浸潤の疑いという意味に違いない。つまり、ガン細胞が前立腺の内部に留まっている段階（ステージB）から前立腺皮膜（蜜柑の皮の部分）に侵入し、前立腺外に転移している可能性があるということだろう。しかし、これまでの検査では、それ以上のことはわからない。手術をして、顕微鏡検査で周辺臓器にガン細胞転移があるかを確認するまで、自分の運命は定かにはならないのである。私は、この invasion sus の語を忘れていた。

手術は垣添院長の立会いの下で、鳶巣泌尿器科医長と京大医学部から来ているレジデント（研修医）の松岡直樹医師によって執刀された。術後、私の個室にも来てくれた三先生と会話した。

渡邉「転移はありませんでしたか」

垣添「手術中の肉眼所見では、リンパ節にもガン細胞はありませんでした」
鳶巣「いや、術後病理の方から顕微鏡検査の報告がありましたが、一個だけリンパ節に転移がありました」

この事実は大変なことで、私の病気はステージBではなく、ステージCもしくはD1（Dの初期）に達していたことになる。しかも一部には高・低の間の段階の中分化ガンもあったのである。したがって、この手術によって根治が保証されたのではなく、再発の可能性があるということだ。このため、退院後も再発防止のため、リュープリンを毎月、恐らく生涯、注射することになった。問題は、どこかに低分化腺ガンが発生し、リュープリンの効果がなくなるかどうかだ。入院前に公表した私のガン発表文は本当は修正しなければならないのである。

私はまず妻を病室に呼んだ。
「根治にはならなかった。転移していた。それは除去できたが、いつ再発するかわからない」

妻は四〇年余の夫婦生活を通じ、飼い猫が死ぬと声を上げて泣くが、私自身の危機に際しては、泰然自若として普段より明るく、優しくなるのである。私が社内のごたごたで、辞表を出して二週間家に籠もったときも、余計な質問もせず、そしらぬようにいたわってくれた。今回の私の告知に際しても同様であった。

むしろ、私は孝行者の一人息子を心配した。「息子が心配するといけないから、この事実は君だけの胸に納めておいてくれ」と妻に頼んだ。妻も同じ考えであった。

右の転移告知は、私の前途をかなり暗くするものであった。

死に耐えるに哲学は有用か

私は読売入社以来、がむしゃらに走り続け、ゆっくり思索に耽るというようなチャンスはなかった。入院に当たり、学生時代に読んだ文学書、哲学書及び最近興味を持っている宇宙物理学、素粒子論等の本を数十冊持ち込んだ。

手当たり次第に読んだ。ヘルマン・ヘッセの『デミアン』、漱石の『三四郎』、藤村の『破戒』、そして私が中学時代に読んで感激し、将来哲学専攻を決める動機になった出隆の『哲学以前』等も。だが再読して、いずれも中学、高校時に読んだときのような感動が起こらない。

仏教については、小学生のころ、父の早世で受けたショックで、各種の経文を読んだこともあるし、東大文学部で、文化勲章も受けた仏教学の中村元先生の仏教概論の単位もとっていたし、さらに日本人はいたるところで仏教に接することがあるので、仏教書は持ち込まなかった。

新約聖書の解説書も読んだが、クリスチャンには申し訳ないことを書くが、聖書の描くイエス・キリストの奇跡や言葉は、私の理性を死に対して強靭ならしめるものではもうない。因みに、私は小学校一年までは、母の強制で敬虔なクリスチャンとして育てられた。父の早死にで絶望した母は、キリスト教を放棄した。その精神生活の変化は私が後にドイツ哲学専攻を選ぶ遠因ともなった。

孔子については、論語は中学時代に漢文で読んだから、井上靖と和辻哲郎の『孔子』を再読した。孔子は、愛弟子顔回の死に接して「ああ、天われを喪《ほろぼ》せり」といって号泣したという。「朝に道あるを聞かば、夕に死すとも可なり」と言った人にしてはだらしのないことのようにも思う。

もっとも孔子は「怪・力・乱・神」を語らなかったし、「未だ生を知らず、いずくんぞ死を知らん」と言って、死とか神とか、超越的神秘については判断を拒否し、つまるところ、道徳至上主義、近代の人格主義哲学者と似ていると思われた。

この点「星きらめく天空と内なる道徳法則」に絶対的価値を認めたカントと共通するものがある。カントの道徳哲学は「道徳宗教」と言われることもある。つまり、孔子もカントも超越的絶対者に救いを求めるのではなく、人間の内なる「道徳法則」や「道」に最高の価値を置いている。

一体、ガン病棟で、極限状況におかれた末期ガン患者にとって、こうした古典哲学が何の役に立つのであろうか——とわびしく思った。

私は、宇宙物理学、量子力学、素粒子論についての本も十余冊持ち込んだ。

カントは、認識する主体とその対象との関係について「コペルニクス的転回」をした。一方で自我をとことん究明して、「内なる道徳律」の至上の価値を打ち立てた。他方、人間の存在する時間と空間については、人間の認識できるのは「現象」であって、時空が有限か無限かを問い詰めると、結局アンチノミー（二律背反）に陥る。そこで人間の認識できる対象は「現象」であって、時空の中にある宇宙の正体は「物自体」という認識の対象外の世界である、とする。

こういう哲学と関係のないところで、宇宙物理学者は、カントの掟に反していわば物自体の世界について、理論的かつ実証的な研究をしている。筑波大学と岐阜県のスーパーカミオカンデの地下一〇〇〇メートルに造られた水槽を結ぶ研究施設のなかで、最近ニュートリノに質量があることが実験的に証明された。そのことの重要さを、いささか哲学的に考えよう。宇宙は無限に膨張しているようだが、もしニュートリノに質量があるとなると、やがて収縮に転じることになる。そうだとするとある学説では、太陽は五〇億年で燃え尽き、宇宙は一〇の三〇乗年くらいで、そこにあるすべての陽子が崩壊し、最後には物質の存在しない空間のみになる。何も存在しないところに、時間も空間もないではないか。

磯部琇三（国立天文台長）著『宇宙を意図《デザイン》したのは誰か』という本は面白かった。この書によると、恐竜が絶滅したのは、六五〇〇万年前に直径一〇キロ程度の小惑星が地球に衝突したため（メキシコのユカタン半島に落下）という有力な説があり、その衝突のエネルギーは一億メガトン、広島型原爆百億発分だったと推計されている。今日の人類は恐竜より脆弱になっているから、同じ規模の小惑星が地球に衝突すれば人類は絶滅すると書いている。小惑星と地球の衝突の確率は、五〇〇万年に一回であるが、直径一〇〇メートルくらいのものは、一万年に一回の確率があり、人類の将来はきわめて不安定である。

そこでこの著者は神とは何かと問いかけ、「天文学が宇宙から神の存在場所を次々に消していったように、生物物理学も、心の中から神の居場所を次々に除くであろう」と述べている。もし磯部氏が、中世欧州に生きていて、同じことを書いたならば、ローマ法王庁によって火あぶりの刑に処せられただろう――などと、病室で考えていると、超ミクロのガン細胞の存在を忘れてしまう効果があった。もっとも、このマクロの世界の書を読む副産物として、ミクロの素粒子の世界について読むことは、後に述べる陽子線や重粒子線によるガン治療を知るうえで、大変有用であった。

ガン患者の不思議な世界

がんセンター中央病院一一階――といっても屋上であって、しかしエレベーターの前には廊下と、わずか二坪ほどの喫煙室がある。この部屋以外は全館禁煙であるから、ニコチン中毒の私にとっては、入院中最も必要な空間であった。

この部屋には、四つのコンセントと長椅子があり、ぎっしり詰めても八人しか座れない。私も他の患者さんも、例のスパゲティの管を装置する機械をガラガラと引いて来る。なかには、二本のコードをコンセントに差し込まなければ点滴等の器具が作動しない、という患者さんもいる。管のなくなった人は、そういう重症な人が来ると、席を空けて、廊下に出て煙草を吸う。いつも満員なのである。

三十代の男性で睾丸のガンが直腸や腎臓に転移した人や、直径六センチの肺ガンがあるが、手術不可能で抗ガン剤治療を受けているという人もいる。かなりの進行ガンであると思われる人もいる。この人々が、うまそうに煙草を吸いながら談笑しているのだが、これは私にとってまったく想像を絶する不思議な世界であった。

誰もが暗い表情をしていない。冗談を交え、ときには大笑いしながら、それぞれのガンの治療状況について語り合っている。

「私の同室の患者さんが死んだ。隣室が真っ暗になったが、あの部屋の人も死んだのだろう」という話も飛び出してくる。ここの世界は異常である。異常であるにもかかわらず、患者さんたちの会話は正常である。

見舞いにきた若い妻と幼い子供を連れた中年の男性にも会ったが、その細君も明るくしゃべり、無心な子供はキャッキャッとはしゃいでいる。

彼らはそれぞれの病状について会話しながら、一滴の涙も流さず、愚痴もこぼさない。誰もが不幸であり、互いにその不運を嘆く必要がないのだ。病院外の世界で一人でいれば、なぜ自分だけが今不運な病気になったかと嘆き、周囲からは同情されるだろう。しかしこの部屋では同情も嘆きもない。自分と同様もしくは自分よりも不幸な人たちばかりなのだ。私もこの部屋で、パイプを吸いながら、会話の中に入っていくのが無性に楽しくなっていった。

私の息子は会社が多忙であるにもかかわらず、夜遅く、どこから入ってくるのか、嫁さんとともに毎夜見舞いにきてくれ、彼がこの喫煙室を発見したのである。息子夫婦も連れ込んだのだが、きっと親父よりはるかに不幸な人がいると知り、「まだしも親父は……」と安心したに違いない。

この喫煙室の患者さんたちが意外な明るさを持っているのは、インフォームド・コンセントが良く行われており、医師と医療技術の進歩に期待しているからだと思われる。そういえば、この病院の医師や看護婦は、他の大病院にありがちな、高圧的もしくは事務的もしくは不親切なところがまったくない。

患者に対し、明るく、優しく、説明が明確である。この部屋の患者さんたちから、医師や看護婦に対する不平など、一度も聞いたことがなかった。

ガンと三〇年間も闘っている女性

何日かこの部屋に通ううちに、患者さんたちの心の支えであり、無言の励ましになっている女性Aさんについて聞いた。この女性は三十二歳から六十二歳になるこの三〇年間ガンと闘いつづけている。ある患者さんが「昨日もこの部屋に顔を出し、明日からスキーに行くと言っていた。おなかに三つも穴が開いているのに……」と言うと、他の人々は感嘆の声を上げながら、皆嬉しそうになるのである。この女性は、仲間の患者さんたちにとっては英雄であり、救世主であり〝神〟であるとさえ言えるようだ。

私は退院後、秘書の手を借り、この人の住所と電話番号を探し出し、直接話を聞くことができた。Aさんは今でもときどき腸閉塞で入院するが、元気になって退院し、山歩きが好きで、ヘビースモーカーでもある。私の入院中は、対面はできなかったが、一時期入院が重なっていたことも知った。

この女性は三十二歳までに二児をもうけ、二人とも一流企業に勤務、六人の孫に恵まれている。

退院後、彼女の自宅に電話を入れて、その体験談を読売新聞に大きく掲載したいと頼んだが、孫や近所の人におなかに三つの穴があることを知られるのが嫌だからという理由で断られた。しかし、きわめて明るく力強い声で次のように話してくれた。

「おなかに三つ穴があって、袋を付けているのよ。人工肛門、人工膀胱の他にもひとつ。袋は二日に一回取り替えるのだけれども、ひとつ八〇〇〇円するから大変です。大腸は三分の一しか残っていないので、水分が十分吸収できず、脱水症状になるので、ポカリスエットをガブガブ飲んでいるのよ。いつも家にポカリの缶が山となってるわよ。野菜とか茸とか海草は腸でつかえて人工肛門から出にくくなるので、食べるのは魚と肉だけです。車も運転できるし、毎日近所のスーパーに買い物に行くし、山を歩くのが好きなんです」

と淡々と話してくれた。

彼女は三〇年前に子宮頸ガンになり、手術でなく放射線治療をしたために副作用で右腎臓まで取らなければならなくなった。その間水腎症が出たり、放射線性血管炎になり、その都度大手術している。二〇年後にS字結腸ガンになり、膀胱とともに切除手術をしている。

よく三〇年間もがんばりましたね、と問いかけると、毅然とした口調で、

「それは良い先生、看護婦さん、そして究極には主人のおかげです」という。腸閉塞の

発作を起こしたりすると、ご主人が車を運転し、病院に送り届けてくれる。ガンになってから三〇年であるから、結婚生活は四〇年近くになるのだろう。彼女は神も仏も語らなかった。心の支えは、医師と看護婦とご主人だった――というのが、きわめて印象的であった。

あの喫煙室の患者さんたちはそうした彼女の体験を聞いて、その闘病の迫力が心の支えになり、同様に医師と看護婦とを支えにし、医療技術の進歩によって救い出されることに望みを託している。それが、あの喫煙室のガン患者たちの生命力であるのだと思う。彼らには神や仏を探している暇はない。医師と看護婦と肉親の助け、現状の最先端の医療技術による治療を期待しつつ、毎日病床でガンと闘っている。そこから、あの明るい冗談や笑顔が出るのだ、と思った。

その後、一〇回ガンの手術をした人、六回多重ガンの手術をした人もいて、今も元気であるという実例も聞いた。

私のリンパ節転移

私自身のガンに話を戻そう。

「リンパ節転移」と聞いた私は、話が振り出しに戻ったような気がした。ステージＤ１とは意外であった。そこである日、まず鳶巣医師と松岡医師の二人が我が病室に来てくれたとき、思い切って質問した。

渡邉「リンパ節転移があったことは、再発の可能性があるということでしょう。根治ではないのですね」

松岡「五年間再発しなければ、大丈夫でしょう」

鳶巣「いや五年間は再発しないでしょう。しかし、七年か一〇年後には再発の可能性があります。あなたのリンパ節転移は一個で、一個と二個以上とは質的に違うのです。もし、二個あったら、私は手術をしないでおなかを閉じていたでしょうね」

この一個と二個の差が私には分からなかった。

私の検査をしてくれた船員保険病院の新島院長は『週刊読売』の私の手記に寄せた談話のなかで、「渡邉君の場合、それほど早期というわけではないけれども、決して手遅れというわけではない、という診断でした」と語っている。そこで後日、私は新島院長に電話で聞いた。彼は、垣添院長から術後の報告を聞いていたのである。

「君のリンパ節転移は、前立腺に非常に近いところにあったのだよ。二個以上の場合は、遠いところ、他の臓器に近いところに転移している可能性がある。それが一個と二個の違いだ」

垣添院長の近著『前立腺がんで死なないために』によると、「リンパ節が一個でも陽性だったらもう治らない、と欧米では考える医師が多いが、われわれの施設（がんセンター）でのリンパ節転移一個の患者さんの五年生存率は九五％である。欧米でも、最近は前立腺がんの病巣が小さく、リンパ節転移が一個までなら根治手術の成績はよい、とする報告もなされるようになった」という。

私は入院中、垣添院長に聞いた。

「鳶巣先生によると、七年ないし一〇年後に再発の恐れがあると言われましたが、私の寿命はあと、七年か一〇年と考えるべきですか」

「その可能性はあります。しかし、この種のことは、一〇年単位で考えてください。もし再発しても、そのときはそれなりの処置ができるので、心配する必要はありません」

なるほど、リュープリン注射ができたのも数年ほど前、全摘手術が施されるようになったのも一〇年余前であり、それより前に私が前立腺ガンにかかっていたら、とっくに死んでいたに違いない。

重粒子線と陽子線治療

医療の科学技術は、一〇年単位でドラマチックに進歩してきている。

中曽根内閣発足直後、中曽根首相（当時）の発意で、「対がん一〇ヵ年総合戦略」が実施された。その内容は、一〇年間で一〇二四億円を投下して、先進国との対ガン医療技術の交流や、三〇〇億円をかけて千葉県稲毛の放射線医学総合研究所に世界初の重粒子線による医療装置を造ったことなどである。

厚生省の「平成七年人口動態統計」で死亡比率を見ると、ガンは二八・五パーセントで二位の脳血管疾患の一五・一パーセントを大きく離している。日本では年間九〇万人が何らかの病気で死ぬが、その最大の死因たるガンで年間平均二七万人が死んでいる。つまり、一〇人中三人はガンで死んでいるのだ。

ここで、放射線医療の進歩について述べておかなければならない。

前記の女性Aさんの場合のように、子宮頸ガンを放射線で治そうとしたばかりに、その副作用で尿管をやられ、腎臓摘出までしなければならなくなった。放射線というのは従来、ガンマー線、X線といったようなもので、患部の周辺まで焼いてしまう。

重粒子線とは、アルゴン、ネオン、炭素といった比較的重い元素の原子核を巨大な加速機で光速の七〇パーセントくらいのスピードに加速し、加速機の外に据えた椅子に座らせた、あるいはベッドに寝た患者のガン細胞組織にぶつける。ピンポイント作戦である。その命中精度は、誤差一ミリであるから、今後のガン治療の希望の星である。

現在、筑波大学と、柏市にあるがんセンター東病院に陽子線の治療施設ができている。これは重粒子線の治療施設よりかなり安く、約八〇億円でできるので、静岡や神戸など現在日本では五か所で稼働中である。将来全国各地に一〇か所くらい造ることが最低必要だ。何千億円も投じて釣り堀にしかならない港湾や利用されない農道空港などを造ることを考えれば、すぐにもできるはずだ。

ただし、陽子線というのは、いちばん軽い元素である水素の原子核（中性子がなく、陽子一個だけからなる）をつかうので、重粒子線の誤差が一ミリとすれば、一センチくらいと、やや劣る。それでも従来の放射線と異なり、体内を通る粒子が組織のなかで停止する直前に最大のエネルギーを発生する。皮膚や途中の組織への影響を極力少なくし、患部にエネルギーを集中させることができるのである。

陽子線治療施設はすでに欧米各地にあり、前立腺ガンやメラノーマ（悪性黒色腫）や脳腫瘍等の治療に使われている。

ガン治療術の進歩を信じる

私が入院中、まだ四十歳にならぬ松岡医師に聞いたところでは、最終的なガン征伐の手段は遺伝子工学の応用だという。ガンは遺伝子の病気である。ガン細胞を食いつぶす遺伝子を造り、ガン病巣に注入して、ガンを叩く方法である。米国ではすでに実験段階に入っている。これが実用化されれば、ガン治療は格段に進歩するが、なお一〇年はかかるだろう。

垣添院長は、私に対し、一〇年単位で病気を考えろ、と言われた。

私は、俵萠子さんや倍賞美津子さんのガン闘病記や、ある脳外科医が、脳腫瘍で倒れる迫真の手記なども読んだ。文藝春秋から出版された『医者が癌にかかったとき』（正・続二冊）の著者竹中文良氏（元日赤医療センター外科部長）はたまたま、学生時代私の家に下宿されていた人だが、彼ほどの名医でも、自分がガンにかかったときの恐怖、再発の恐怖に襲われることを知った。

竹中氏は術後一二年、その間「何度か死を直視した」。「だが、四年前（一九九五年時点での）の、多少センチメンタルな雰囲気は消えつつある。僕は恐怖をほどほどにかわしてきたつもりだったが、これこそ自然のなせる技だ。……加齢の効用はこんなふうに現れるらしい」とも書いている。「先人たちもなんとか癌と闘い、つきあいおおせた。僕たちも大丈夫だ、きっと。みんなで渡れば怖くない――こんな場面でこそ使いたいフレーズである」と続編を結んでいるが、これは宗教でも哲学でもないが、ひとつの悟りではある。事実、前立腺ガンの局所治療の一つとして、最近はブラキセラピーといって、前立腺を超音波で描出しながら内部にヨード一二五というアイソトープのカプセルを約八〇個永久刺入する新しい放射線治療も登場してきた。

私にとっての結論は、リンパ節転移一個のガン患者の五年生存率が九五パーセントで、かつ再発可能性が七年ないし一〇年後というなら、八十歳までは大丈夫と計算できる（ちなみに二〇〇五年現在、私のPSA、画像探査上で、ガンの再発を疑わせる所見は皆無である）。八十歳を超えれば、前立腺ガンはほとんど進行しない。もし進行の恐れがあっても、重粒子線治療や遺伝子治療が進歩していて、ガンを叩いてくれるだろう。遺伝子治療も実用化されているかも知れぬ。垣添院長の「一〇年単位で考える」との教えに従って、ガン征服医療の科学技術を信じること――これがガンの恐怖から免れる道であり、悟りである。

そして言論と政治の力を使って、馬鹿げた公共事業の浪費を抑制し、その代わりに新医療科学技術を進歩させるための財政支出を増加することに努力する。

この努力の合間に、宇宙物理学の書を読みながら、例のカントの「物自体」の世界について、私なりの探索をすることとしよう。

〈『文藝春秋』一九九八年十月号に掲載。原題「社長、ガンと闘う」〉

解説と補足

この文章が『文藝春秋』に発表された後の反響はすごかった。全国各地、それも過疎地を含めてたくさんの手紙が来た。

「主人が前立腺ガンを宣告され、私は主人に隠れて、毎日泣いています」（老主婦）

「前立腺ガンの告知を受けましたが、がんセンター中央病院で手術をしてもらうにはどうしたらよいでしょうか」（患者）

といった種類のもので、かなり長文で「神の救いを求める」という種類のものもあった。

私は、いちいち肉筆で返事を書いたが、しばらくの間は、社業に支障が生じたのも止むを得ない。

また、前立腺ガンになった何人もの知人が私を訪ね、対策を相談された。

相談に来る患者は初期、中期、末期などさまざまで、末期と信じられる患者に対する対応に一番苦しんだ。

私は現在がんセンター顧問会議のメンバーに選ばれ、定期的に同センターでの医療の進歩ぶりの報告を見聞し、感心しているが、カネとヒトの不足は深刻である。

全国のガン患者とその家族の数は莫大である。そういう人の苦しみを救うためには、国の予算が必要である。

中曽根康弘元首相は、首相就任直後に「対がん一〇ヵ年総合戦略」を立て、一〇〇〇億円を超える予算をつけた。文中にある垣添忠生先生、鳶巣賢一先生が、若い頃この予算の中から留学研修費をもらい、ミネソタ州のメイヨー・クリニック（米国三大病院の一つ）に滞在し、日本ではまだ発達していなかった前立腺ガンの全摘手術を、その道の先駆者マイヤー博士から集中的に伝授され、帰国後日本で初めて施術していた。私が手術される段階では、前記両先生をはじめ、全摘手術がかなり普及し、進歩した。私が今日命あるのは、春秋の筆法によれば、中曽根内閣の「対がん一〇ヵ年総合戦略」のおかげだといえる。こういう地道な研究経費も、国家予算に組み入れるべきだ。

小泉首相は「郵政改革」のワン・イシュー選挙で大勝したが、国民全体のことを考えると、年金、医療、介護保障等の社会保障制度の確立とともに、それらに比べればはるかに僅少なカネですむ、対ガン戦略予算の増額をはかってもらいたいものだ。

国民生活を大事にする政治家なら、先端医療技術のための配慮といった地味な政策に、真剣にエネルギーを注ぐべきであろう。

中曽根元首相は、国鉄、電電の民営化を成し遂げながら、一方で対ガン戦略の予算化も実行していた。小泉首相が、効果の不透明な〝郵政改革〟一本に全エネルギーを消費してしまっているのは残念なことである。

それでも対ガン医療は進んでいる。前立腺ガンも、老齢者は必ずしも手術が必要でなく、放射線照射療法、ブラキセラピー（小線源療法）や、森喜朗元首相の成功した内視鏡手術もまた開腹を要しない。

また、がんセンター顧問会議で報告を受けたとき、私から見ればかなりひどい食道ガンが、抗ガン剤と放射線治療ですっかりきれいに治癒された写真を目にして、びっくりしたことがある。一昔前だったら、このような食道ガンは大手術を必要としたものだ。

実際、前立腺ガンにかかった私の友人の何人もが、放射線治療で完全に治癒している。これは放射線をコンピューターで完全にコントロールして、ガン細胞だけに集中照射する技術が大変進歩したからであって、今後はこうした治療で、全摘手術やその後遺症で悩む人が少なくなるに違いない。

ちなみに、私自身のガンは完治して、再発予防のリュープリン注射を必要としなくなり、ＰＳＡの数値は通常三であるものが、恒常的に〇・〇〇八以下とゼロとほぼ同じ数値で安定している。

前記のブラキセラピーは、日本では国立東京医療センターで初めて実施した。

一般に外から放射線を当てて治療するのを外照射といい、体内に放射性物質を埋め込むのを内照射という。日本の厚生省は、原子力アレルギーのためか、この療法をなかなか許可しなかったが、現在では小線源療法という内照射が公認されている。

これについては、もと朝日新聞記者の本郷美則氏が東京医療センターで施術され、前立腺ガンを克服された。同氏と私とのこの問題に関する対談が、『文藝春秋』の二〇〇三年九月号に、「がんはもう怖くない――切るか、切らぬか。前立腺がん」というタイトルで掲載されている。

日本・アメリカンファミリーの創業者大竹美喜氏は数年前、ボストンでこの方法によって前立腺ガンを完治させた。本郷氏の場合は、「針金状放射小線源の一時留置法」を使ったが、当時日本でまだ永久留置法が公認されていなかったからである。二〇〇三年七月に、やっと公認された。大竹氏の場合は、公認前だったので、永久留置法を使うため、ボストンまで行かなければならなかった。

この療法は、ヨード一二五という放射性物質を米粒ほどの大きさのカプセルに入れて数十個患部に埋め込む。米国でも一定期間は子供を抱いてはいけない、混んだ交通機関に乗ってはいけない、ダブルベッドで奥さんと寝るときは、繊維状にした鉛のパンツをはかねばならない――などの制限があるそうである。

この方法によると、全摘手術の場合のように、セックス行為に関わる神経を切除する必要がないから、性生活に支障がない。本郷氏によると、術後二〇日で〝もの〟が直立不動になり、一か月後に試射して成功したというから、性生活上の必要のある向きには福音といえよう。

天皇陛下も前立腺ガン全摘手術をなされた。当初の宮内庁発表では、高分化ガンでステージB、つまりガン細胞が、前立腺皮膜の内部に納まっているとのことで私も安心していたが、手術後、一部ガン細胞が皮膜に浸潤していたこと（ステージC）、また中分化ガンがやや混在していたという二次発表があって、何らかの追加治療をされたと想像する。

それでも私のガンよりはさらに良性であり、かりに再発の恐れがある段階でも、現在の治療技術をもってすれば、完全に予防、もしくは治療できたものと確信する。

遺伝子治療については、まだガン細胞を殺す遺伝子と、それを患部に注入する遺伝子運搬因子（vector）が開発されていないので、実用化にはなお数年を要すると思われる。

なおガン一般については、二〇〇四年七月に岩波書店から出版された垣添がんセンター総長の著書『患者さんと家族のためのがんの最新医療』が、最新でわかりやすい名著であること、また前述の読売新聞社刊『前立腺がんで死なないために』の改訂新版が近く発行されることを付記しておく。

二、老いた病妻をいとしむ

血まみれの妻を発見

一九九九年十月十二日午前九時半のことだった。

まだ睡眠中だった私は、通いの家政婦Tさんの真剣な声で起こされた。

「奥様が大変です！」

Tさんの血相は普通ではなかった。飛び起きた私はTさんの示す方向へ走った。リビング・ルームの私の常用していたリクライニング・チェアにもたれかかった私の妻篤子は、全身血まみれで意識はなかった。

私はとっさに外傷で、強盗にでもやられたかと思ったのだが、妻はいびきをかいている。それまでに得ていた医学的知識から、直感で脳出血だと思った。

額からパジャマ全体にかかっていた血は、点々とトイレにつながっていた。パジャマの下部は、ひざの上で止まっていた。用足し中に、発作が起きたものであろう。

後にわかったことは、発作で便器から飛び上がった時、柱の角に相当な力で頭をぶつけ、額の傷は骨が露出して、六針縫ったほどであった。その出血で全身血だらけとなったのである。

巨人軍の長嶋茂雄君が、脳出血の発作を起こした時、そのショックで寝室のテーブルが叩き割られたように砕け、片足が広く内出血していた――という話を一茂君から聞いた。妻と同様な発作を起こしたのだと思う。

平記者時代に夫婦で

長嶋君は、自宅に人がいなかったので、発作後一五時間そのままだったそうだが、すっかり元気になっている。治療と本人の努力で、私の妻のケースより、かなり軽度であったのだろう。

頭蓋骨を切開手術

妻の惨状を見た私は、ただちに一一九番で

救急車を呼ぶとともに、虎ノ門病院院長の秋山洋先生に電話をかけた。秋山先生は、できるだけ早く病院に搬送すること、脳外科に手配をしておくこと等をきびきびと指示してくださった。

実は秋山先生一家とは、昔、北新宿のアパートで隣人同士であり、家族ぐるみの親交があった。私の長男と先生の長女は、幼児期に共同庭の砂場で砂まみれで遊んでいた。

脳外科では、臼井雅昭脳外科部長、高田浩次医師らが、ただちに妻をCTスキャン等で検査し、私と息子夫妻に病状を説明してくれた。

その結果は、右脳の脳動脈瘤破裂によるクモ膜下出血であり、発作後約一〇時間を経過しているため、右脳全体に血があふれている状態であった。対処するためには、頭蓋骨の上部を切断し、破裂した脳動脈瘤の根元を金属ではさむクリッピングという手術を施し、再破裂を防ぐとともに、脳内にあふれた血を洗い出す必要がある。

この手術の結果、吉と出れば意識を回復し、凶と出れば植物状態か、下手をすれば死亡する恐れもあったので、私は手術をするか否か、決断を迫られた。私はどんな結果になろうと、手術をした上で天命を待つという決断をし、署名の上お願いした。

この手術は、頭皮を残していったん頭蓋骨を切除し、脳の中に数本の管を差し込む。

半分は脳内にたまった血流を吸い取り、半分は脳内を洗う液体を流し込むという措置を施すものだ。

午後二時から始まった手術が終わったのは、夕刻暗くなった頃だと思う。

もちろん、その間手術室に入ることは許されない。生死の境界で、どちら側にいくかもわからない。だが、幸いにもその手術は成功し、当面生命は取り留めた。

水頭症の発症

一応ホッとしたものの、医師によると、二週間は生死不明だという。その後は「水頭症」合併の可能性がある。事実、水頭症が発症した。頭の中には、脳を保護する髄液が作られ、流れているのだが、その髄液の流れが悪化し、頭の中に水がたまってしまい、さらなる脳障害を起こす恐れがあった。

これを治療するには、脳室から腹腔内へのシャント（バイパス）を作る。脳室から腹腔まで皮膚の下に細い管を通して、脳室にたまりすぎた髄液を腹腔に排出する方法で、脳室腹腔短絡術という手術だ。これが二回目の手術である。

この手術も成功したのだが、頭蓋骨の一部をはずしてあったため、髄液が過剰に流出し、大気圧で脳にゆがみを生じ、出血した右脳が左脳を圧迫して、意識レベルの下がる状態になってしまった。

そこで、人工頭蓋骨（はずした頭蓋骨とまったく同じ形に入れ歯の材料で作りあげたもの）をネジで残存した頭蓋骨にはめ込むという三度目の手術をした。これは、異物を脳に接着するので、感染症を起こす危険があったが、適切な抗生物質投与のため、感染症は起こらなかった。

この入院初日のことだ。秋山院長は、この日午後四時成田発で、米国へ夫妻同伴で出発することになっていた。秋山院長は、食道がん手術で世界的な権威であり、消化器外科部長から、院長になられた方である。私の妻の手術は脳外科にて行なうので、手術の手はずが整ったところで、院長と別れた。多少心細かったが、致し方ないところである。

ところが、手術が終了し、妻が集中治療室に移った頃、病室に秋山院長がおられるではないか。私が「先生は米国に向かっていたのではないですか」とたずねたところ、「成田行きの高速道路を走っている車内で、私の家内が『渡邉さんの奥さんが生死の境にある時、私たちが外遊を楽しんでいていいの』と言うので、途中で飛行機をキャンセルし、戻ってきました」と言われるのだ。何十年間の家族ぐるみのおつきあいとはいえ、この友情には感動した。「地獄に仏」といった心境であった。

当時、私は読売新聞社の代表取締役社長であったので、会長の水上健也氏に電話をし、二週間は出社できないことを告げ、病室で妻の手を握り続けていた。夜は、病院最寄りのホテル・オークラに一室をとり、妻に危機があったら、走れば五分以内で間に合うよう備えた。夕食は、食堂に行っていたら妻の急変に間に合わなくなるので、すべてルームサービスにした。

その間、孝行者の一人息子夫妻が毎日病床に来てくれ、多少我を失っていた私の介添えとして、医師に接触したり、看護態勢の整備に当たってくれた。

はじめて筆談

三回目の大手術が成功したが、心配なのは、タンを吐くことができず、のどに詰まって窒息することだった。そのため、気管を切開し、太い管をのどに入れ、不断にタンを吸出し、息が詰まらないようにしなければならない。このため声が出せない。栄養分は、鼻から胃に注入した管で供給する。だから、私は彼女と会話ができない。そこで、紙と鉛筆を渡したところ、何か形になるものを書きはじめた。何日かたってからはじめて、あるまとまった文章を書いた。判読すると、「あなたは明日の仕事があるから、もう帰って下さい。本当に、本当にありがとうございます」とあった。この時の私の味わった歓喜は忘れられない。

後述するように、その後転院し、入院期間は六か月に及ぶのだが、転院、退院のゴタゴタで、その紙を紛失してしまった。私にとっては、生涯の宝のようなものであったのだが。

一般論として、脳の働きの中で、右脳は、ものの形を識別したり、絵を描いたり、音楽を奏でたり聞いたりする時に使われる。直感とか、想像力とか、感覚的な働きだ。これに対し、左脳は、読む、書く、話すなどの言語活動や数字の計算や、言語、記号などを用いた論理的思考をつかさどる。

田中角栄氏は、左脳をやられたため、言語が不能になった。私の妻は、右脳をやられたが、左脳は無事であったので、左半身マヒは残っても、言語能力は失われなかった。また右手足は自由となった。

といっても、言語、歩行、判断力等を回復するのには、時間がかかった。

一か月以上たってからであったが、ようやく口からゼリーを飲み込む訓練を始め、食べ物を口から摂取できるようになって、ついに気管切開による太い管を抜き、その穴がふさがって、発声できるようになった。

そこまで回復すれば、あとはリハビリである。虎ノ門病院は、リハビリ室が狭いので、東京医科歯科大学付属病院に転院した。この病院は、リハビリ室はかなり広く、PT（理学療法士）、OT（作業療法士）も十数人いて、リハビリに最適であると聞いたからである。また、一六階の食堂は、ホテル・オークラの直営で、食事がかなりおいしいし、各フロアにテーブルが数個ある食堂もあり、本人はもとより、看護にあたる我々にとっても快適であった。

病気をする前のツーショット

声は出たが認知症に

以上、かなり即物的に妻の病気の経過を書いてきた。その間私自身、自宅で独居しながら感じたのは、これまで日常的には空気のようなもので、その存在感のなかった妻に対する私自身の本能的な愛着が強かったのを、自ら発見したことである。

存在感がなかったと書いたが、五〇年前の結婚は、私にとっては熱烈な恋愛の結果であり、新婚時代や、息子の幼児時代三人で遊んだ思い出などが次々に浮かんだ。しかし、何十年もたてば、妻は空気の如き存在となっていた。その妻が永久に戻らぬかと思うと、猛烈な愛着が突如復活したのである。

入院中、たとえ植物状態でも、痴呆となっても、生命を維持し、余生を共に過ごしたいという願望が、すべての生きがいを超越したもののようになっていた。江藤淳氏が愛妻に先立たれ、まもなく自死したあの情愛が理解できるような気がした。

転院後のリハビリ中も、もっぱら車椅子であった。

回復したといっても、かなり痴呆状態であった。彼女の好物の刺身を持って食べさせようとした時のことである。妻が、刺身をちぎっては、ベッドの下に落とし始めたのである。どうしたのだと聞くと「私は、このベッドの下で鼻モグラを飼っているので、餌をやっているの」と言う。「鼻モグラとは何のことなの」と聞くと、「鼻の大きなモグラで、シーレン、ケーレンという二人の兄弟なの。鼻モグラの話は、ドンカルロスというスペインの作家の小説に出ているわよ」と言う。

私は自宅に行って、妻の書棚に、ドンカルロスという作家の小説があるのか探してみたが、存在しなかった。結局、彼女の夢想に過ぎなかった。

また、「俺が誰だかわかるか」と言うと、「私の夫のお兄さん」と答える。息子の嫁が「私はだーれ」と聞くと、アパート三階に住む娘さんの名前を言う。

私もびっくりして、息子の嫁に「俺の女房はひょっとしたら認知症ではないか」と聞いたところ、彼女は小声で「もちろん認知症ですよ」と言う。私は腰の抜けるほどびっくりした。医学書を読んでも認知症になるとは書いてない。しかし、たしかにあれだけの脳出血があって、大手術をした後遺症として、認知症になるとしても不思議はない。

たとえ、永久に認知症であってもよい。ただ生きていてくれれば良いというのが、偽らざる私の気持ちであった。

妻の存在感

彼女が元気な頃、私は解説部長時代に、時の編集局長との対立がもとで、会社に辞表を出して二週間、わがアパートの一室に蟄居したことがあった。そのとき、普通の女房ならば、「会社をクビになったらどうするの？」とか何とかわめいたであろうが、彼女はその間何も質問せず、きわめてやさしく私を扱ってくれた。

私が、前立腺ガンで大手術をし、思ったよりも進行していたことを告げた時も、いささかもうろたえずに、平静を装ってくれた。

政治部長時代、毎週のように拙宅で十余人も仲間や外国人を呼んで「研究会」やパーティーを開いても、文句を言わずにサービスしてくれた。

私のワシントン滞在中も、邦人、米国人含めて、自宅パーティーはひんぱんだったが、創意工夫をこらし、皆を楽しませてくれた。

そうしたことも、当たり前のこととして、別に感謝の意を表したこともなかったのだが、今認知症となった妻は、むしろ元気な頃よりも、私には必要不可欠な存在となった。

『智恵子抄』の世界

私は、枕頭に『智恵子抄』を置くようになった。高村光太郎が、精神を病んだ愛妻をいとしむあの美しい詩を何度も読んでは、感情移入した。「風にのる智恵子」「千鳥と遊ぶ智恵子」などを繰り返し読んだ。精神病院で亡くなった時の智恵子を限りなく哀しく、しかし美しく歌った「レモン哀歌」は、愛妻を失った人なら、誰でも涙なしには読めないだろうと思う。

妻の病気は、治療してくれた博士も、その他脳外科の専門医の誰に聞いても、「三年間は徐々に回復の可能性があるが、三年たったら悪くなることはあっても、良くなることはない」と言われた。確かに、統計的にはそういう病気であろう。

私たちは、北新宿の低層密集住宅街の、それも猫の額ほどの専用庭に惹かれて一階を選んだため、病妻にとって家の中から見えるのは、直前の二階家の塀だけである。その見えるもののほとんどない窮屈な家の中のリクライニング・チェアに一日中座ったまま、毎日暗い顔をして俯いているだけである。寝室やトイレに行くのも車椅子である。

私は、車椅子に彼女を乗せて、近所を歩いたが、狭い道路や横丁で道に迷ったり、大汗をかいたりで、長続きしなかった。

このまま認知症が進行するのみか——と考えると、彼女がかわいそうでならなかったし、私自身、なんとなく暗くなる思いがしていた。

奇跡——歩く、唄う、話す

ところが、奇跡が起きたのである。

あるとき、『智恵子抄』の中の「あどけない話」という詩の冒頭を思い出した。

「智恵子は東京に空が無いといふ、

　ほんとの空が見たいといふ。」

私は、生活環境の変化を考えた。六〇年近くの会社勤めや、著作等によって得た有り金をはたいて、大空と美しい森と濠の見えるマンションの五階に引っ越したのである。親思いの息子夫婦と三歳の孫も、同居してくれることになった。

息子夫婦は、相次ぐ老父母の大病の間、献身的に介護につくしてくれた。私たち二人が、同時に別の病院に長期入院したこともあった。私はガンの手術のほか、腕の骨折事故も起こしたからだ。介護に献身したことで、息子夫婦は出産のチャンスを長らく失った。私のたった一人の孫がまだ三歳なのはその理由による。

このマンションのリビング・ルームは東南が全部ガラスである。大きな青い空が見える。緑の森が見える。濠のきれいな水面が映えている。それは、「東京の空」ではないように思える。光太郎が「あどけない話」の詩で続けて書いた空のように、きれいな空に見える。

「私は驚いて空を見る。

桜若葉の間に在るのは、
切っても切れない
むかしなじみのきれいな空だ。」

そして、これはヘルパーさんのおかげであるが、やがて彼女は、濠端の遊歩道や北の丸公園などを散歩するようになった。

新居に引っ越して一週間もしないうちに、車椅子なしに歩くようになった。距離も、私すら歩けないほど、一キロ、二キロと延びてきた。車椅子はいつの間にか、我が家からなくなったのだ。一日の多くの時間、日本のナツメロを声に出して唄うようになった。私の買ってきた昭和歌謡曲集を自ら読んで唄うのである。そのうち、私の持参する『婦人公論』も熱心に読むようになった。

ある朝、私に「その新聞を見せて」と言う。その一面は、中国の反日暴動の記事で埋まっていた。「どうして中国の人たちは反日暴動を起こすの?」と聞く。靖国問題、戦争責任問題等を説明したが、病後数年間、新聞を読んだことのない妻に、その説明がわかるはずはない。それにしても、こういう質問をする彼女が、ほんとうに認知症なのか？　と思えるようになった。空と水と森という環境の変化が、この奇跡的回復をもたらしたとしか思えない。

今では毎朝、私の出勤時に私の寝室に来て、忘れ物の点検をするのが日課である。「メガネ、入れ歯、財布、手帳、ライターは……」そして最後に「ズボンのチャックあげた？」で終わる。事実、情けないことに、私はメガネや入れ歯を忘れて出勤することがしばしばあった。入れ歯を取りに、運転手に家まで行かせるという醜態を、何度かくり返している。

服装の点検をすると、玄関まで送りに来て「行ってらっしゃい」と言う。彼女の頬にキスをすると、私のほっぺたに、大きな音を出してチュッとキスのお返しをしてくれる。

五〇年を越えた結婚生活で、新婚当初の数か月しかなかったことだ。

専門医に聞いても、発病、手術、その後の経過からしても、「奇跡です」との言葉がかえってくる。

ささやかに金婚を祝う

私は今、甦ったような妻と、そして息子夫妻、孫との三世代同居を果たして、人生至福の時にある。

去る五月（二〇〇五年）には、わが家でささやかな金婚式をした。参加者は、わが夫婦と息子夫妻、そして日本テレビ取締役会議長の氏家齊一郎君夫妻だけである。

ここで、私と氏家君との、旧制高校以来、ほとんど生涯を通じての交友についてふれておきたい。

旧制東京高校、東大（彼は経済学部）と共に進み、共産党にも入党した。私が除名されるとまもなく、彼も脱党した。私が東大新人会を作ったとき、彼は書記長になって協力してくれた。

彼はよく、当時下落合にあった拙宅に来て、一緒に風呂に入り、泊まっていった。私も彼の家に入り浸った。彼の実父は、戦時中、古河鉱業の重役から産業報国会理事をしていたため、追放され、読書三昧の日を送っていた。書斎にあいさつに行くと、いつも洋書を読んでいたのを覚えている。彼の祖父は、鳩山和夫（一郎の父、元衆議院議長）と親しく、鳩山和夫の選挙参謀もやったらしい。鳩山家は和夫、一郎、威一郎、及び由紀夫、邦夫兄弟、さらに由紀夫氏の子息まで五代東大卒であったが、氏家家も、齊一郎君の祖父から孫まで五代東大出身で、秀才のＤＮＡがあるようだ。

それはさておき、私が東大唯物論研究会代表として、東京女子大に哲学の講演に行った時、会場の後方にすごい美人がいて、それが後の氏家夫人であったことは、前にも書いた。実はそのとき、私は彼女に後刻接触を求めようとのよこしまな考えを瞬時持ったのだが、講演会終了後、私のところにやってきて、「この本お返しします」と言って三木清の『構想力の論理』を私に渡した。何と、この本は氏家君が私の家に来てぜひ貸してくれと言って持っていったものであって、氏家君は実は恋人である彼女（真子夫人）のために借りにきたのだということがわかり、私は彼女への邪心をただちに捨てた。

氏家君は、東京高校の演劇部、夫人は東京女子大の演劇部という関係もあって、いつの間にか恋仲になったようだが、どう考えても氏家君の方が強引に求婚したに違いない。

氏家真子夫人は、東京女子大卒後、俳優座に入り、後に東恵美子らと青年座を旗上げした新劇女優であり、アルバイトとしてNHKラジオに子供向けの番組を持ったり、映画に出演したりしていた。

彼女の両親は金満家であって、私は氏家君と共に、あつかましくも彼女の家に入り浸り、彼女の父上や弟さん（東大新人会の仲間でもあった）と一緒に徹夜でポーカーをしたりして、彼女や彼女の母上に大変迷惑をかけたものだ。

小声で交わす亭主の悪口

私と氏家君は、結婚後、妻同士も親友になり、妻篤子の発病前は、毎月一回、夫婦四人で夕食を共にするのが習慣だった。

私の妻も、独身時代、左翼系の新協劇団の女優をしていたので、氏家夫人とは話が合ったのであろう。私の妻は新協劇団時代、結核で喀血し、私と結婚したときは気胸療法をしていたが、不思議なことに息子を出産して以来元気になった。四人の定例夕食会で、私と氏家君が政局や会社経営について、論じ合っているとき、隣で二人のワイフ同士は、同じ趣味の話の合間に、亭主の悪口を小声で交わしていたらしい。

五〇年前の私の結婚式のさい、妻には父がいなかったので、氏家夫人のご両親が親代わりの役を果たしてくれた。以来、私の妻は氏家夫人のご両親とも親しくなった。そのご両親もすでに亡くなっている。

氏家夫人の父親が、肝臓ガンで亡くなる直前、氏家夫妻は米国を旅行中であったので、私の妻は、氏家夫妻になりかわり、病院に味噌汁などを作っては届けていた。そうした時のお父上の病床でのうれしそうな顔は、今でも私の頭に焼き付いている。本当に親類以上の家族的関係であった。

私は読売新聞で、政治部長から論説委員長、社長、会長と進んだのに併行して、氏家君は、読売で経済部長、広告局長と進んだ後、日本テレビに移って社長、会長と進んだ。学生時代以来、苦境や順風を問わず、何事も、二人は相談しあってきた。率直に言って、私は彼が存在しなければ、読売新聞のトップにはなれなかっただろうし、彼も私がいなかったら、一部上場のテレビ会社のトップにはなっていなかっただろう。これほど一生といってよいほど長期にわたる家族間の交友関係を保ったのは、ほかにいない。

底抜けに明るい笑顔

病妻との金婚式の賓客が氏家夫妻だけとなったのは、五〇年前の私たちの結婚式の賓客で生き残っていたのが、氏家夫妻のみとなっていたからだ。私と氏家君とは、同年同月生まれの七十九歳であるから、そうなったのも不思議はないかもしれない。

この金婚を祝う席で、しばらくぶりに親友氏家夫人に会ったときのわが病妻の、世にも嬉しそうにはしゃいでいた笑顔は、底抜けに明るかった。

このようにして金婚を迎えただけでも、わが身の幸運を思う。

妻の認知症は、完治したわけではないが、政治も野球も含めて、一切の俗事を忘れた時の、簡単な夫婦の会話の中に、至上の幸福感が湧く。

高村光太郎は、『智恵子抄』の中に書いている。

けれども
私にあなたが無いとしたら――
ああ　それは想像も出来ません
想像するのも愚かです
私にはあなたがある
あなたがある
そしてあなたの内には大きな愛の世界があります

（智恵子抄「人類の泉」より）

〈書き下ろし。二〇〇五年九月〉

追悼

中曽根康弘元首相——私心なき勉強家　盟友との六十余年

敬愛の念は尽きず

中曽根康弘さんが亡くなった。六〇年以上の付き合いであった。逝去の日、「親の死と同様のショック」とコメントしたが、敬愛の念は尽きることがない。

中曽根さんは一貫して勉強熱心で、絶えず政策が頭にあった。他の多くの政治家とは違い、閥務よりまず政策だった。政策を磨き、いかに実現するかを一生懸命に考えていた。

また、独自の思想を強く持つ一方で、固定観念を排し、人の言うことをよく聞いた。そうでなければ、政治家としてあれほどの実績を上げることはできなかっただろう。若いころはかなり右寄りだった。しかし、それを変えていった。「自分は修正資本主義だ」と語っていた。

傍からは勝手なことを言っているように見えるが、実は人の言うことをよく聞いていて、判断を改めた。それで風見鶏と言われた。

だが、中曽根さんは「風見鶏の何が悪いんだ。足がぶれなければ、からだは回っていい。だから風の方向が分かる」と反論していた。それはそうだろう。世論も、つまるところ風である。風を見ることができなければ政治家は務まらない。

質素な暮らしぶりで、大変な勉強家だった。それは終生変わることがなかった。

毎週三時間の勉強会

中曽根さんに初めて会ったのは、自民党結党間もない一九五六年ごろだ。読売新聞社主から衆院議員になった正力松太郎さんの命令だった。正力さんは、新しいエネルギー源として原子力が重要であると考え、非常に興味を持っていた。中曽根さんも原子力の平和利用を勉強していて、正力さんと付き合いがあった。

正力さんは原子力委員会の初代委員長、科学技術庁の初代長官を務めた。中曽根さんも後に委員長・長官を務めている。

そのころ私はまだ平記者、中曽根さんは陣笠代議士だった。あるとき正力さんに呼び出され、「お前、中曽根さんと会え」と命じられた。だが、当時、中曽根さんは「憲法改正の歌」をつくったりしていて、私はスタンドプレーが多い人だなと思い、会わずにいた。

正力さんにまた呼び出され、「まだ会っていません」と言うと、「ばかもの」と。あわて議員会館の中曽根さんの部屋に行った。

若手の代議士というのは、夜はどこかで酒を飲んでいるものだと思っていた。ところが、中曽根さんはまったく違う。非常に勉強が好きで、読書家だ。私に「勉強会をやりましょう」と言う。

最初は氏家齊一郎君（読売新聞記者、後に日本テレビ社長）や福本邦雄君（実業家）を交えて勉強会を開いていたが、やがて私と中曽根さんと二人だけで本を読み合おうということになった。

中曽根さんは、銀座のバーや料亭といったところには、ほとんど行かない。私と、霞友会館の一室を借りて読書会をした。

「私のうちに来ませんか」と言うので、議員宿舎にも行った。八畳一間の部屋だ。そこに夫婦と三人の子供で寝ている。女中さんを起こし、その布団の上にお盆を持ってきて、酒一本、杯二つ置いて、そこで飲みながら話をした。

あるとき、「ベルサイユ宮殿みたいな豪華なところに引っ越すことになりましたから来てください」と言う。ところが、そこもやはり議員宿舎で、三部屋しかない。八畳間に子供三人が寝て、六畳間に夫婦が寝て、四畳半は物置のように使っていた。

本当に質素で、清潔な人だった。

私は哲学科出身だから、哲学書もずいぶん読んだ。中曽根さんは後に、カントの『純粋理性批判』を愛読書に挙げていた。そのほか、政治、経済、歴史、様々な本を読み、「私はこう思います」「中曽根さん、この点はどうですか」と語り合った。毎週土曜日、三時間は議論していた。

そういう風に、もっぱら本を読む。それが付き合いの始まりだった。

一計案じ、四十一歳で初入閣

中曽根さんが初めて入閣したのは五九年六月、第二次岸信介改造内閣においてであった。

田中角栄さんは三十九歳の若さで閣僚を務めた。当時四十一歳の中曽根さんには、田中さんへの対抗意識があったのだろう。

中曽根さんは河野一郎派だったが、河野さんと岸さんの関係は悪化していて、河野さんが推薦しても入閣できない。

私は一計を案じ、親しくしていた大野伴睦副総裁に中曽根さんを会わせることにした。

ところが、大野さんは中曽根さんの顔を見るやいなや、「貴様は造船疑獄のときに予算委員会で『大野は賄賂をもらっている』とか言ったな」とどなりはじめた。自民党結党前、中曽根さんが野党の改進党にいたときの話を持ち出した。

私は弱って、「まあまあ、過去のことは水に流す、副総裁はそういう性格じゃありませんか」ととりなした。そうすると大野さんは機嫌を直し、しまいには「中曽根君、君には宰相の相がある」とまで言う。大野さんには先見の明があったということだろう。

結果的に、中曽根さんは科学技術庁長官として入閣し、私ともますます親しくなった。そのころはあまり政治的な話はせず、科学技術の話ばかりしていた。

ロバート・ケネディと大衆酒場に

中曽根さんは、六一年にケネディ大統領就任式のため訪米し、弟のロバート・ケネディ司法長官はじめケネディ家と親交を深めていった。

ケネディ大統領は日本でも非常に人気があった。大統領でなくとも、まずは弟を呼ぼうと、中曽根さんが委員長を務める「ロバート・ケネディ歓迎委員会」が発足した。

ケネディ長官が来日すると読売新聞社に招待し、その後、銀座の大衆酒場に案内した。

ケネディ長官も大衆政治家を自称していたから、そういう場所が好きだった。実は他のお客さんは、みなサクラだったのだが。

中曽根さんとケネディ長官は、カウンターに腕をついて、立ったまま一時間以上話していた。

中曽根さんは若手代議士のころに訪米し、ハーバード大学の助教授だったキッシンジャー氏（後の米国務長官）と知己を得た。キッシンジャー氏の英語はドイツ訛りが強くて、わかりにくかったそうだ。

キッシンジャー氏とはその後も非常に仲良くし、ケネディ家とも付き合い、さらにはニクソン大統領にも食い込んだ。

そうした努力が首相就任後、レーガン大統領との緊密な関係に結実した。日米関係を良くしたのは中曽根さんの非常に大きな功績だ。

行政改革に大きな成果

中曽根さんは、佐藤栄作内閣で運輸相、防衛庁長官、自民党総務会長と、政府・与党の要職を歴任した。六六年に中曽根派を結成したが、当時まだ四十八歳だった。派閥の長としては最も若かった。

田中内閣で通産相、三木武夫内閣のときに自民党幹事長に就任し、首相となる要件をみな満たしていった。電話も含めて私は毎日のように話をし、様々な政治の局面にかかわっていった。

中曽根さんが首相になれると最初に思ったのは、八〇年、大平正芳首相が衆参同日選のさなかに亡くなったときだ。しかし、二階堂進さんら田中派の有力者は、後継首相に鈴木善幸さんを据えることでまとまっていた。私は二階堂さんに「田中派で中曽根をやってくれませんか」と頼んだが、拒絶された。

「鈴木首相」が固まると、中曽根さんは、蔵相に就きたいと考えた。私は鈴木さんにそれを伝えた。しかし、「中曽根君には行政管理庁長官になってもらいたい」と言う。

それで、中曽根さんに「とにかく、他派の内閣なんですから、自分で何をやると言っても無理です。行管庁長官を受けたほうがいいでしょう」と勧めた。

中曽根さんはすでに運輸相や通産相を務めていたから、行管庁長官というポストは不満足だっただろう。蔵相は、中曽根さんの子分の渡辺美智雄さんになった。

だが、結果的に、あのとき行管庁長官を受けたことは非常に大きな意味を持った。間もなく中曽根内閣が出来て、第二次臨時行政調査会の答申を踏まえて行政改革を強力に進めた。「増税なき財政再建」を掲げて、世論の支持を得た。

国鉄、電信電話、専売の三公社民営化という中曽根内閣の成果は大きい。国鉄はサービスの意識も低く、評判が悪かった。三公社民営化は、中曽根さんでなければできなかった。そのころは夜に会っても、国鉄はこうする、電電はこうする、といった話ばかりしていた。

鈴木内閣から中曽根内閣へ

鈴木内閣は、行政改革では成果も見えたが、外交では問題が多かった。

日韓関係は、歴史教科書問題や、韓国が日本に巨額の借款を求めたことなどで極めて悪化した。日米関係も深刻だった。

鈴木内閣発足の翌八一年、米国では、レーガン大統領が誕生した。鈴木さんは五月に訪米して日米首脳会談に臨んだ。このときの日米共同声明に、「日米両国間の同盟関係」という表現が初めて明記された。

しかし、鈴木さんはその後の記者会見で、同盟について「軍事的意味合いは持っていない」と発言してしまう。

日米同盟は軍事同盟だ。それを軍事的性格はない、などと言えば、米国は当然怒る。同盟の解釈をめぐって政府内から様々な発言が飛び出し、伊東正義外相が辞任する騒ぎにまでなった。

八二年秋になると、鈴木さんの自民党総裁再選が取り沙汰されるようになった。私は鈴木さんに「そろそろ中曽根に譲ってくれませんか」と頼んだが、首を縦に振らない。ところが、しばらくして鈴木さんは中曽根さんに会ったとき、「あとを用意しておいてほしい」と言った。中曽根さんからすぐに「次の総理は自分です」と電話があった。

鈴木さんは、中曽根さん本人にじかに禅譲すると伝えたかったのだろう。鈴木さんは口が堅かったし、中曽根さんも自分のことだから喋らない。私も言わない。だから、この話はしばらく漏れなかった。世間では、中曽根内閣になることは突然決まったように受け取られた。

中曽根さんは鈴木さんのことを悪く言わず、むしろ褒めていた。禅譲された恩を感じていたのだろう。

田中さんの支持を得ることも不可欠だった。田中さんはロッキード裁判中だが相当の権力を握り、まず二階堂さんを首相に、と考えていた。

そこで、田中さんの秘書、早坂茂三君の知恵を借りた。早坂君は、中曽根さんが田中さんの私邸に行き、胸襟を開いて裸で抱き合えばいい、と言う。

現実主義者の田中さんが理想主義者の中曽根さんを受け入れるには、そのくらいのことが必要だというわけだ。

私は中曽根さんにそれを伝えた。「目白の私邸に行って、抱きつき、頼むと言えばいいのです。そうすれば、田中さんは喜んで乗りますよ」と。田中さんとはよく話していたから、感触はわかっていた。

中曽根さんはその通りにした。電話があり、「本当に抱き合いました」と言っていた。田中さんが「よし、お前を総理にする」と言ったという。

そこまでうまくいくとは思っていなかった。そもそも系統が違う。田中さんは吉田茂、池田勇人、佐藤栄作の系統で、中曽根さんは鳩山一郎、河野一郎の系統だ。だが田中さんにしても、中曽根さんに恩を売った方が得だと思ったのだろう。

十一月の総裁予備選で中曽根さんは田中派の支援を受け、約五六万票の党員票を獲得して勝利した。ついに首相に上り詰めた。

日韓・日米関係を改善

翌八三年一月の韓国訪問は電撃的だった。日本の首相として、戦後初の訪韓である。全斗煥大統領主催の晩餐会では、韓国語を交えて挨拶した。その後の宴会では韓国語の歌まで歌った。韓国の要人は感激して、涙ぐむ人もいたという。

中曽根さんは本当に勉強家で、猛烈な勢いで韓国語を勉強した。どこで歌を覚えたのかと聞いたが、風呂場で大声を出して覚えたそうだ。

韓国との経済協力問題も決着し、日韓関係は急速に改善した。さらに、それを手土産に米国を訪問して「日米両国は運命共同体」と語り、レーガン大統領の信頼を得る。極めて戦略的な外交だ。

レーガン、全斗煥両大統領、さらには胡耀邦中国共産党総書記、サッチャー英首相、ミッテラン仏大統領ら、各国首脳と個人的な信頼関係を構築した。首脳外交で世界をリードした、希有な存在となった。

レーガン大統領を東京・多摩の日の出山荘に招いたのは印象深い。

中曽根さんは立派な別荘だと思っていたが、そうたいしたものではない。都心から車

東京・日の出山荘で行われた日米首脳会談。
お茶をたてる中曽根首相を見守るレーガン米大統領と
ナンシー夫人（1983年11月11日、写真提供：読売新聞社）

で何時間もかかる。電気は通っているが、ガスはない。小さな電気ストーブ一台だけで、あとは囲炉裏の炭火で暖を取る。

中曽根さんという人は、議員宿舎の一間で家族と暮らしていたくらいだから、贅沢というものを知らない。大統領をそんなところに呼んでいいのかと思ったほどで、向こうも驚いただろう。

だが、質素で飾らないところをレーガン大統領は気に入ったのかもしれない。両首脳の信頼関係は深まり、日米関係は非常に良くなった。この会談が大きなポイントであったのは間違いない。

戦後四〇年を迎えた八五年八月の終戦の日に、首相として初めて靖国神社を公式参拝した。これに中国が強く反発し、親日派で中曽根さんと親しかった胡耀邦総書記の立場が悪くなった。

その後は靖国参拝を自粛した。中曽根さんは「私が靖国神社に行くと、胡耀邦を政治的に傷つけることになります」と言っていた。

中曽根政権は外交で大きな成果を上げたが、各国首脳との信頼関係を大切にしたことが要因だ。中曽根さんは人との「縁」を大切にしていた。内政でも「大統領的首相」と称して強いリーダーシップを発揮し、「戦後政治の総決算」を掲げた。行政改革など難しい課題で実績を残せたのは、人の使い方がうまかったからだろう。

政治学者の佐藤誠三郎さん（東京大学名誉教授）ら有力な学者をブレーンにしたが、もともとは大平さんのブレーンだ。大平さんの没後、その人たちを自分で抱え込んだ。田中派の後藤田正晴さんを買っていて、官房長官に起用した。総裁派閥以外から官房長官を出すのは異例だった。

八六年に「死んだふり解散」後の衆参同日選で大勝すると、総裁任期延長論が出てきた。中曽根さんは二年延長を望み、私に「後藤田君のところに行って、二年延長を取ってきてくれませんか」と言う。

後藤田さんに伝えると、「もう驕ったか」とどなられた。中曽根さんは「それでは結構です」と了解し、一年延長に落ち着いた。

それでも在任五年近い長期政権となった。最初は私も、これほど長くできると思っていなかった。

私利私欲とは無縁

中曽根さんは初入閣の後に家を建てたが、さほど大きなものではない。廊下が狭くて、二人がすれ違うこともできなかった。「今度は大きな池があって、魚がいるんです」と言うが、箱庭のような小さな池だった。金魚かフナかなにかが五、六匹泳いでいた。

いよいよ政権が近いというころ、中曽根さんのお嬢さんが私のところに来た。「父が総理になったら、お客さまもいらっしゃるので広い家に移りたい。しかし、父は狭くてもいいと譲らないのです」と。「父を説得してくれませんか」と頼まれた。

中曽根さんも受け入れて、空いていた長嶋茂雄君（巨人軍終身名誉監督）の持ち家を借りようとした。しかし、中曽根さんが頼んでも断られたそうだ。長嶋君に聞くと「政治家には貸したくなかったんです」と言うので、私から「政治家だけどおれの親友だよ。

おれの親友に貸すと思って貸してほしい」と頼んだ。

中曽根さんは広いと喜んでいたが、そう立派な建物ではなく、話し声が端から端まで聞こえていた。

とにかく、私利私欲、そういった個人的な欲望はなかった。奥さんも質素な暮らしに慣れていた。

ガン対策の功績に感謝

内政において、行政改革と並ぶ中曽根政権の功績は、科学技術の振興だ。なかでも中曽根さんはガン研究の重要性にいち早く注目し、八四年に「対がん一〇ヵ年総合戦略」をスタートさせた。東京・築地に国立がん研究センター中央病院があるが、以前はそれほど立派な病院ではなかった。中曽根政権以降、世界一流のがんセンターに成長した。

私は九八年に前立腺ガンになり、垣添忠生院長のもと、中央病院で前立腺手術を受け、すっかり良くなった。垣添さんはもともと前立腺の専門家で、私が今日生きているのは、あの手術がうまくいったおかげだ。

中曽根さんがガン治療に力を入れてくれたことで私は救われた。そのことにも、心から感謝している。

〈『中央公論』二〇二〇年二月号掲載〉

本書は二〇〇五年十一月に刊行した中公新書ラクレ『わが人生記』に、「追悼　中曽根康弘元首相」を追加し、増補版として刊行しました。

ラクレとは…la clef=フランス語で「鍵」の意味です。
情報が氾濫するいま、時代を読み解き指針を示す
「知識の鍵」を提供します。

中公新書ラクレ
721

増補版
わが人生記《じんせいき》
青春《せいしゅん》・政治《せいじ》・野球《やきゅう》・大病《たいびょう》

2021年３月10日初版

著者……渡邉恒雄《わたなべつねお》

発行者……松田陽三
発行所……中央公論新社
〒100-8152 東京都千代田区大手町 1-7-1
電話……販売 03-5299-1730　編集 03-5299-1870
URL http://www.chuko.co.jp/

本文印刷……三晃印刷
カバー印刷……大熊整美堂
製本……小泉製本

Published by CHUOKORON-SHINSHA, INC.
Printed in Japan　ISBN978-4-12-150721-1　C1295

L496

総理の覚悟
―政治記者が見た短命政権の舞台裏

橋本五郎 著

小泉純一郎長期政権以降、第一次安倍晋三内閣から民主党の野田佳彦にいたるまで一年程度で総理が交代することになった理由は何なのか。そして民主党はなぜわずか三年で政権を手放さざるをえなかったのか……。沖縄米軍基地移転、東日本大震災、消費税アップ等の外交・内政の重大問題への対応を中心に、日本記者クラブ賞受賞のベテラン記者が日本政治とリーダーのあり方の問題点を描き出す。

L542

23区格差

池田利道 著

一人勝ちとも揶揄される東京都。そのパワーの源は「格差」にあった！ 少子化せず、区によっては高齢化も進まない理由とは何か。子育てしやすい区、暮らしやすい区、安心・安全な区、学歴・年収・職業の高い区はどこか。そして山の手ブランドに迫りつつある危機とは？ 23区がうねり、力強く成長を続ける、その理由を東京23区研究所所長がデータで解析。成長のヒントはここに隠れている！ 区別通信簿付き。

L585

孤独のすすめ
―人生後半の生き方

五木寛之 著

「人生後半」を生きる知恵とは、パワフルな生活をめざすのではなく、減速して生きること。「前向きに」の呪縛を捨て、無理な加速をするのではなく、精神活動は高めながらもスピードを制御する。「人生のシフトダウン＝減速」こそが、本来の老後なのです。そして、老いとともに訪れる「孤独」を恐れず、自分だけの貴重な時間をたのしむ知恵を持てるならば、「人生後半」はより豊かに、成熟した日々となります。話題のベストセラー!!

L587

オックスフォードからの警鐘
―グローバル化時代の大学論

苅谷剛彦 著

ワールドクラスの大学は「ヒト・モノ・カネ」をグローバルに調達する競争と評価を繰り広げている。水をあけられた日本は、国をあげて世界大学ランキングの上位をめざし始めた。だが、イギリスの内部事情を知る著者によれば、ランキングの目的は英米が外貨を獲得するためであり、日本はまんまとその「罠」にはまっているのだという――日本の大学改革は正しいのか？ 真にめざすべき道は何か？ 彼我の違いを探り、我らの強みを分析する。